# 迪拜

德国梅尔杜蒙公司 编著
李巧嘉 译

北京出版集团公司
北 京 出 版 社

图书在版编目（CIP）数据

迪拜 / 德国梅尔杜蒙公司编著 ；李巧嘉译 . — 北京：北京出版社，2018.5
书名原文：Dubai
ISBN 978-7-200-13988-4

Ⅰ. ①迪… Ⅱ. ①德… ②李… Ⅲ. ①旅游指南—迪拜 Ⅳ. ①K938.79

中国版本图书馆CIP数据核字（2018）第073516号

图　字：01-2018-0477号　　审图号：GS（2018）1041号

责任编辑：黄雯雯
执行编辑：王若凡
封面设计：赵　甜
责任印制：武绽蕾

迪拜
DIBAI
德国梅尔杜蒙公司 编著
李巧嘉 译
*
北京出版集团公司
北京出版社　出版
(北京北三环中路6号)
邮政编码：100120

网址：www.bph.com.cn
北京出版集团公司总发行
新华书店经销
天津市银博印刷集团有限公司印刷
*
787毫米×1092毫米　32开本　3.75印张　143千字
2018年5月第1版　2018年5月第1次印刷

ISBN 978-7-200-13988-4
定价：45.00元

# 来自德国的问候

## 预祝您拥有一个美好假期!

**亲爱的读者:**

或许您会问自己，为何您买了一本德国而非本国制作的旅行指南？但请放心，您已经为此做出了一个正确而又明智的选择。

在2012年中国取得全球旅行冠军之前，该头衔一直被德国保持。对于德国这样一个“小国家”来说，这是令人惊叹的！原因可能是，自1950年开始，旅行的梦想对于广大的德国人来说开始变得更为现实。因此，梅尔杜蒙在与北京出版集团的合作中茁壮成长。

“梅尔杜蒙”的故事是一个了不起的故事，从充满冒险的旅程到成为家族的旅行事业，直至今天已传承三代，现由创始人的孙女继续领航这一成功之旅。如今的“梅尔杜蒙”已是欧洲旅游产品领域遥遥领先的品牌。

手握这样一本旅行指南，您可以高枕无忧。请您相信，无论您要去的是世界的哪个地方，梅尔杜蒙近百年的专业经验以及适合中国旅行者的本土化信息，都可以帮您更精确地了解旅行目的地。

请您开始一段全新的奇遇之旅吧！

这本书会是一个随时陪伴您的伙伴，预祝您有一段充满新的发现和希望的完美旅程！

中国作者

## 邝秀婷

她是热爱旅游的文艺女青年兼旅游达人，曾从事金融行业，后裸辞并用一年时间周游世界。第一次出国旅游就独自一人自由行去韩国大暴走，感受当地的生活和文化。还曾约陌生人同游泰国和马来西亚，在旅途中不断结交新朋友。她还喜欢在旅行中带着小伙伴去玩好玩儿的、吃好吃的，充当小伙伴的导游和摄影师。在她看来，趁着年轻去做一些自己喜欢的事情，游遍心中的旅行圣地，才不枉此生。

德国作者

## 曼弗瑞德·约博克

每次去拜访迪拜这样一个高速发展的城市，曼弗瑞德·约博克（Manfred Wöbcke）都会为它的全新改变而着迷和感动。他还有幸被迪拜王室邀请到访迪拜宫殿，领略了阿拉伯人严肃外表下热情好客的一面。在德国和爱尔兰大学教书的他有充裕的时间旅行，一年中约有半年时间在各地旅行，直到遇到这个让他的旅途停止的地方—阿联酋。

# 梅尔杜蒙的故事

希尔德（Hilde）和库尔特·梅尔（Kurt Mair）是为旅行而生的。早在20世纪20年代第一次世界大战刚刚结束时，他们就驾驶着汽车或者摩托车穿梭在欧洲大陆上。漏气的轮胎、过热的冷却机、失灵的刹车，这些都无法阻挡他们前进的步伐。那时有很多我们今日无法想象的场景，甚至没有一张地图！即使是这样，连撒哈拉大沙漠也无法阻挡梅尔夫妇的冒险之旅。同样他们也会做测绘之旅，这些被探测的路况信息会被精确地整理和保存。第二次世界大战结束后，1948年，库尔特·梅尔成立了公司，路书和地图册是他们的主营产品。库尔特·梅尔离世后，他时年26岁的儿子福尔克马尔（Volkmar）继承并领导这个企业，为今天的梅尔杜蒙集团打下了基石，使集团成为一个全球性的媒体集团，其在全球拥有多家办事处，员工380名，年销售额约1亿欧元。

今日的梅尔杜蒙集团不仅仅提供地图，旅行指南、旅行画册、旅行冒险和电子产品构成了集团丰富的产品组合。在中国，梅尔杜蒙与北京出版集团于2014年成立了合资公司，开始服务于中国旅行者日益增长的需求。

# 迪拜

图标

| | |
|---|---|
| 当地锦囊 | 当地锦囊 |
| ★ | 必游景点 |
| ●●●● | 体验迪拜 |
| | 远眺点 |
| | 适合环保、生态旅游 |
| (*) | 拨打需付费的电话号码 |

酒店（不含早餐的双人房）

€€€ 110欧元以上

€€ 70~110欧元

€ 70欧元以下

餐厅（不含酒水的正餐）

€€€ 25欧元以上

€€ 15~25欧元

€ 15欧元以下

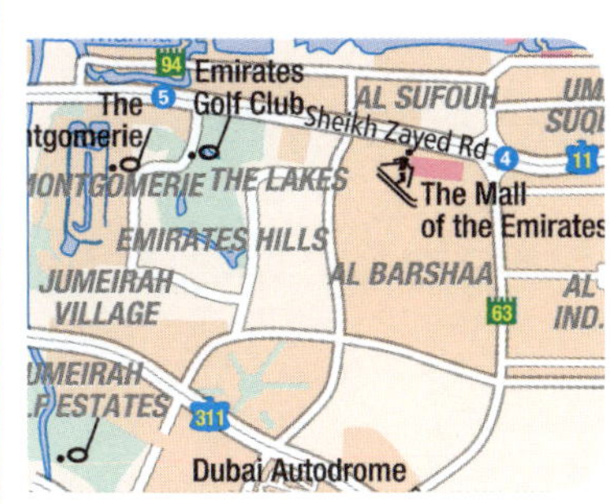




信息检索


休息片刻→P.25
书籍/电影→P.48
最受欢迎的美食之地→P.54
特色美食→P.60
在城市里精力充沛→P.76
不要睡过头！→P.84
节庆日→P.103
它们值多少钱→P.108
货币汇率→P.109
迪拜天气→P.110


地图标注

（折页A1）：折页地图中附加地图上的位置

# 欢迎来到迪拜

**壮观的豪华酒店、大型购物中心和乌托邦式的建筑项目已经把海湾上的阿拉伯贸易中心变成了一个全球最高级的村庄。世界上最大的人工海、最高的摩天大楼、从外太空可以看到的人工岛屿、最大的机场……一个个史无前例的、不断被扩建的建筑工程都在短时间内投入使用。整个城区周围被湖泊和码头游艇环绕，并涌向沙滩，城市被多条高速公路覆盖，在高速公路两侧映衬着摩天大楼的倒影。**

1999年开业的七星级迪拜帆船酒店（Burj Al Arab，又名阿拉伯塔酒店）仅仅是个开始，短短几年时间，迪拜成为21世纪初最令人向往的度假胜地，是世界级的景观。由酋长统治的阿拉伯联合酋长国（Vereinigte Arabische Emirate）与太阳、沙滩和乌托邦式的景点仿佛磁铁一般吸引着游客。站在世界上最高建筑的观景台——828米高的哈利法塔（Burj Khalifa）向下看，所有的摩天大楼看起来像是可爱的儿童玩具。在这个迪拜最负盛名的建筑物脚下，有一座古老的阿拉伯风格的居民区。除了历史悠久的沙漠皇宫、怀旧的露天市场和豪华的老城

上图：迪拜购物中心

酒店，还有其他吸引人的景点，如巨大的迪拜喷泉（Dubai Fountain）和人工湖。

迪拜政府一直致力于抑制沙漠的扩大。城区25千米外是迪拜码头（Dubai Marina），一个新建的壮观的建筑群区域，建成后规模庞大，预计有200座设计独特的摩天大楼。超大城市极速扩张的结果是石油储备的下降。根据预测，未来15年到30年间，迪拜将不会再有石油储备。因此，金融中心和贸易中心必须提前做好准备，开发新的收入来源，如开发国际旅游项目。目前这一项目为迪拜带来的收益占国民总收入的25%。这里一年四季沐浴着充足的阳光，遍布金色的细软沙滩，在这里可以体验不一样的海滩假期。另外，这里也是一个购物天堂，有来自全球40多家大型购物商场，且价格适中。在“天下无难事，只怕有心人”座右铭的影响下，阿拉伯联合酋长国已将疯狂的想象力付诸行动。目前，世界上还没有其他

沙漠中的瑰宝：晚霞中迪拜的天际线闪耀着童话般的光辉

地方像这里一样建设了如此众多的轰动性项目。

然而，人们对于迪拜也有不同的看法：虽然很多人认为迪拜是世界上现代化程度最高的地方之一，很多人因为迪拜的高速发展而痴迷它，但是仍然有一部分人因为其过度奢侈的消费而感觉反感，意识到它奢华背后自负和庸俗的一面。很多人会关心在迪拜工作的外国人，他们情况就不一样了——他们的入境动机不是迪拜的经济规模和超级强势的增长速度，而是因为阿拉伯海湾潜在的高品质的生活质量。在迪拜工作的欧洲人主要是为了享受迪拜经济危机之后再次产生的各种商机：酋长领地的经济发展动力、无数的娱乐活动和充沛的阳光。到了地狱般炎热的夏季，人们必须跳进水池中让自己冷却下来，城市仿佛是不断升温的巨大烤箱，人们的状态越来越昏昏沉沉，但同时他们也慢慢适应了这样的气候。室外的温度超过40摄氏度时，户外活动几乎是不可能的——就如同欧洲极度寒冷的冬季一般，0摄氏度以下，人们更喜欢待在家里不出门。伴随着冬季的开始，气温降到30摄氏度以下，精品店和大型购物中心将推出最新的冬季系列商品，时尚的女士们会在凉爽的日子里穿着时尚的羊毛裙、夹克和靴子在室内尽情地购物。事实上，这里的冬天夜晚的温度会持续下降，所以穿一件羊毛衫是非常有必要的。

夏天游泳池里的水必须被制冷。

迪拜是7个酋长国中的第二大酋长国，它们共同组成阿拉伯联合酋长国。迪拜面积仅约3 900平方千米，相当于鄱阳湖的大小。因为酋长国腹地中的约70平方千米是由沙漠组成，因此迪拜220万人口中的95%生活在迪拜中心及其周边地区。

迪拜在快速而剧烈地变化着。大规模的建筑热潮正在全速推动着当地经济的发展，吸引了来自世界各地的人。

# 迪拜

多年来，房地产和服务业得到了极大发展。迪拜酋长穆罕默德·本·拉希德·阿勒马克图姆曾经说过：“我对迪拜的幻想只实现了一小部分。”早在20世纪60年代，迪拜还是一个不足为奇的海边的贝都因人聚居区，只有几千居民，依靠绿洲经济和捕鱼为生。伴随着石油的发现和出口，该地区经济迅速崛起，居民生活水平得到了极大的提高。年轻夫妻可以获得房子和土地，并且可以无息贷款。当地人的教育和培训机会都是独一无二的，国家支付医疗保险和养老金，在这种整体环境下，迪拜人民对政府的满意度较高，安于生活，而不会考虑参与政治。他们的生活水平是当今世界上最高的。

伴随着石油出口，地区经济迅速崛起。

当地人必须接受他们已经成为“少数派”这一事实。迪拜目前只有10%的当地人，他们均享受国家经济发展带来的利益。90%的迪拜居民是外国人，大多是外籍打工者。今天，有来自约120个国家的外来居民生活在迪拜。他们必须严

标志性建筑哈利法塔高828米，是世界上最高的高楼

格遵守当地法律，例如：酒后驾车不仅会被吊销驾驶执照，同时可能面临数天或数月的监禁，有时甚至会被驱逐出境。尽管迪拜展现出了前所未有的思想自由，但是其依然遵从伊斯兰教的价值观，在这里可以随处听到21世纪用于祈祷的短语“真主伟大”（Ahhah U Akbar）；每天清真寺的塔楼响5次，召唤信徒祈祷。黄昏时分，成千上万盏灯照耀着拥有30年历史的朱美拉清真寺（Jumeirah Mosque），它看起来仿佛是一个来自古代的建筑。如今，对奢侈和利益的追求正影响着迪拜。当香槟酒在酒吧和俱乐部流动、着装时尚的人群在令人着迷的地方不停欢娱庆祝的时候，迪拜人依旧遵从伊斯兰国家的规则生活着。《古兰经》在这里不仅是法律学的基础，同时也影响着当地居民的日常生活和家庭生活。当地妇女不允许夜间独自出行，且在公共场合需要穿长长的黑色斗篷，并用头巾盖住头发。斋月期间，全部公共生活都会慢下来。就如同前文描述的一样，存在文化分歧的家庭仍然以阿拉伯生活方式为中心。

迪拜的发展没有受到任何限制，速度越来越快、水平越来越高、规模越来越大。828米高的哈利法塔尚未完成，迪拜官方就宣布要新建一座1 000多米高的新建筑。这个酋长国成为世界上最大的能源浪费地区，不过在国际媒体报道之后，迪拜日益重视生态环保方面的问题。自2008年以来，迪拜致力于履行环境保护方面的义务和责任：节约用水、节约资源、可持续的废物管理和选择可再生能源。总而言之，“绿色建筑”对于迪拜人来说并不是一个简单的营销噱头。但部分当地人仍然缺乏对生态的正确意识，当地人认为奢侈和技术就是全部；外来打工者也只是想要提高他们的生活水平，并没有足够的意识去关注可持续发展；而长期生活在这里的西方人则会身体力行、以身作则来节约能源，如：关掉空调、购物时自己带篮子、购买有机农产品。

90%的迪拜人口是外国人。

在迪拜，对发展的追求永不止步。在“停止就是退步”的座右铭的号召下，目前迪拜正在建设前所未有的酋长国。2016年11月：迪拜运河（Dubai Water Canal）完工，项目主要负责人穆罕默德酋长在开幕式上热泪盈眶。这个10亿美元的项目将进一步改变这座沙漠之城。整个城市社区都在改建，最著名的是6平方千米的迪拜河（Dubai Creek）港口，它是目前世界同类建筑中最大的项目。

迪拜高楼的记录将被打破。2020年，哈利法塔世界第一的位置将被推到第二位。您可能认为您了解迪拜，然而这个地方时时刻刻都在变化，改变才是它的本质！您必须经常来此，以发现它的改变！

# 当地锦囊

从所有的当地锦囊中，我们为您挑选出了15条最棒的旅行建议。

### 当地锦囊 高级时装

这座位于朱美拉公共海滩的白色别墅专门收藏各种二手的豪华服装和名牌包包。→ P.64

### 当地锦囊 星光璀璨的俱乐部

在超现代和时尚的白色迪拜，有一座豪华的赛马场，在屋顶的露台上可以欣赏音乐，观看酷炫的表演。→ P.75

### 当地锦囊 花园里的摩卡咖啡

早上在巴斯塔基亚的阿拉伯茶馆享用早餐，感受当地魅力和文化。→ P.52

### 当地锦囊 海上屋顶酒吧

如果准备在22:00之后去豪华的四季酒店的Mercury Lounge娱乐，您需要购买一些新装备。→ P.75

### 当地锦囊 咖啡和艺术

在国际金融中心的低洼花园品味美酒，感受夜晚来临时的景致。→ P.42

### 当地锦囊 美味的有机食物

餐厅和咖啡厅提供自助式点餐服务，这里有香槟酒的美味及最佳的有机菜品。→ P.53

### 当地锦囊 私人港口游

在海岸线沿岸所有水上巴士站点都可租到小船。只要您想要，就可以为您提供个人的游船旅程。→ P.34

### 当地锦囊 风塔建筑住宿

可以住在海湾附近的酒店Barjeel Heritage Guest，入住有传统的四柱床的房间，欣赏古董和手工打结地毯，房间价格实惠。→ P.84

当地锦囊 **当地人的早餐**

这里有受欢迎的早茶、面饼、奶酪和橄榄，在著名的穆罕默德酋长文化交流中心，当地人每周一和周三会共进早餐。→ P.51

当地锦囊 **在高处欣赏美景**

怀旧的迪拜电动游览车——最顶层打造成敞篷车式样，从迪拜市中心的穆罕默德·本·拉希德大道开始，沿途共3站，这也是欣赏城市风光的最好方式！→ P.39

当地锦囊 **游船领略棕榈岛内景**

如果想在摇曳的游船上近距离观赏豪华别墅，那么您可以尝试参与游船活动。→ P.46

当地锦囊 **在车顶欣赏风景**

乘坐棕榈单轨车经朱美拉棕榈岛前往亚特兰蒂斯度假村，以最佳视角尽享人造岛上豪华别墅和酒店的美景（下图）。→ P.46

当地锦囊 **市集上的印度人**

这里有一些印度人开的小餐厅，如餐厅Punjab。在迪拜可以品尝到价格便宜且美味地道的印度饭和米豆糊馅饼。→ P.54

当地锦囊 **发现美食之旅**

品尝迪拜著名的美食博主Arva带队的“煎锅美食大冒险”节目中推荐的乌兹别克斯坦茶，或是发现尼泊尔的咖啡馆、阿富汗餐厅或迪拉鱼市场的美食。→ P.61

当地锦囊 **讨价还价的乐趣**

卡拉马市场的店主都很淳朴，所售卖的都是客人感兴趣的廉价手工艺品、针织品、设计师手袋和手表。→ P.66

# 体验迪拜

## 免费畅游

既省钱，又能发现新事物

## 省钱有道

**● 迪拜人工湖上的音乐喷泉**

迪拜喷泉如同一群舞者摇摆晃动，水柱喷射高达百米——然而这些在著名的哈利法塔前显得那么微不足道。→ P.40

**● 在星空下看电影**

无论是喜剧、爱情剧，还是科幻剧都会在周日的傍晚上映，跟随人流涌向Wafi购物中心的屋顶露台，观看“星光下的电影”。观影免费，但不提供饮料。→ P.78

**● 巨大的水族馆**

不可能有规模更大的水族馆了：这里的水就已经达到1 000万升！还没进入迪拜购物中心，就会被海底世界的巨大鲨鱼和蝠鲼所吸引（下图）。→ P.100

**● 购物者的环城游**

购物中心彼此距离很远。您可向酒店询问巴士是否会经过阿联酋购物中心、迪拜购物中心和迪拜城区中心，这样可以进行一次城市观光游，并采用同样的方式返回酒店。→ P.81

**● 阿拉伯人的刺激体验**

您不需要为了感受梅登赛马场上的气氛而成为真正的马术爱好者，这里每年的12月至次年3月的赛事都会带来刺激和兴奋。最重要的是，主看台的一部分席位免费。→ P.48

**● 贝都因人的学校**

艾玛迪亚学校是迪拜早年建筑的瑰宝，也是阿联酋第一所私立学校。建筑风格简单，但是令人印象深刻。→ P.34

# 本色迪拜

## 不容错过的特色体验

**● 沙漠的诱惑**

少了沙漠的迪拜之旅是不完整的，所以请务必来一场金色夕阳下的沙漠之旅。沙漠美景尽收眼底，同时，在沙漠中享用晚餐，感受不同风情。→ P.76

**● 夜晚游船上的晚餐**

旧阿拉伯商船被改建成海上浮动餐厅，在照耀城市的最后一缕余晖中，一边惬意地享用自助餐，一边感受晚霞中的海上迪拜风光。→ P.76

**● 疯狂购物**

折扣、百万美元抽奖、时装表演、慈善活动以及其他迪拜购物节的项目吸引着人们。→ P.102

**● 带摩天大楼的码头**

迪拜码头是迪拜最有活力的部分，步行就可以游览壮观的摩天大楼、别致的咖啡馆、著名的夜总会以及巨大的人工码头和游艇帆船。→ P.44

**● 喧闹的海滩**

这里是富有的当地人非常喜欢的热闹聚集点，在这里您将欣赏到壮丽美景——几十千米长的朱美拉海滩、迪拜帆船酒店、朱美拉棕榈岛，以及许多海滩俱乐部。→ P.42

**● 高耸入云**

您是否想体验一下特别的刺激？那请不要错过454米令人眩晕的高度。哈利法塔是世界上最高的建筑，它的顶部观景台位于124层。可在此进行时长1小时的步行游览（上图）。→ P.39

**● 漫步老城**

狭窄的小巷被棕榈树叶装点着，街边遍布画廊、咖啡馆、购物商店。漫步城区，游人会对迪拜老城区巴斯塔基亚印象深刻。→ P.30

# 酷暑游玩

炎炎夏日，也美妙

● 迪拜博物馆的地下城堡

法希迪堡的地下室的光线是昏暗的，同时有令人愉悦的清爽感。在这样的环境下，可以更贴近迪拜生活的本质，如沙漠绿洲里的日常生活。→ P.32

● 东方的“芝麻开门”

如果室外温度超过40摄氏度，香料市场和黄金市场的人流量会减少，随后涌向巴哈露天市场！→ P.69

● 冷冻的酒吧

椅子、桌子、墙壁和吧台……Chillout酒吧的全部都是由冰制成的。从高温到零下6摄氏度的冷室，为了适应这种温度变化您需要穿上羽绒服、戴上手套和围巾。→ P.74

## 酷暑时分

● 冷气中的乐趣

“无聊”在迪拜购物中心是不存在的。这要感谢溜冰场、水族馆、电影院、室内主题公园和超过160家咖啡馆、餐厅。→ P.41，P.66

● 铁轨上的迪拜

这是一个非常清凉和实惠的城市游方式。地铁在城市中心的地下，或者像高架列车一样行驶，通常情况下可以在1小时左右的时间里横穿整个城市。这是一个非常好的欣赏城市全景的方式（上图）→ P.108

● 在室内或滑雪或享受雪景

在迪拜滑雪场，人们可以开车体验弧形的雪道或是坐在轮胎上滑下山坡。还可以透过咖啡馆的全景天窗欣赏雪花飘舞，在壁炉旁品一杯热饮。→ P.46

# 休闲之所

## 深呼吸，尽情享受，忘记烦恼

● 水烟中眺望美景

这里是一个小憩的极好之地，有一个开放式空中露台。这里价格便宜，有畅销的水果鸡尾酒和苹果味的水烟，还可以俯瞰迪拜河的壮丽景观。→ P.53

● 码头上的晚餐

日落之后，数千盏灯照亮了朱美拉古堡酒店的风塔建筑群和宫殿般的酒店。最浪漫的地方是海鲜餐厅Pierchic，可以在海湾边的木码头欣赏美景。→ P.56

● 东方的天堂

这里有绚丽的奥斯曼装饰风格。按摩前，首先映入眼帘的是一个天堂般的马赛克浴池，在仿佛存在于《一千零一夜》中的休憩室品尝椰枣和甜茶。之后参观Talise Ottoman Spa，日常的一切仿佛渐渐远去。→ P.25

● 在阿拉伯湾晒日光浴

您的酒店不在海滩上？没关系，您可以像其他迪拜居民一样来到朱美拉海滩放松一下。只需要很低廉的价格，就可以使用遮阳伞、日光浴床以及其他基础设施。→ P.109

● 宝莱坞之旅

屏幕上，印度知名艺人沙鲁克·汗正微笑着注视着他的搭档，在休闲椅上享受啤酒和海浪、沙滩——您可以在阿联酋购物中心购物之后，来到Vox电影院歇歇脚。→ P.78

● 土耳其浴

花瓣、马赛克装饰和斑斓的圆顶——在One&Only皇家幻影酒店的水疗中心体验独特的土耳其三步护理，包括汗蒸、摩洛哥按摩和按摩缸放松。→ P.25

# 潮流之选

## 1 自制

**来自当地的栽培种植**　最好的覆盆子来自佩里戈尔，托斯卡纳则有最好的矿泉水？不完全是这样。当地的产品通常比外国进口的食品更好、更健康，不仅仅在这里工作的欧洲人这样认为，阿联酋人也慢慢意识到，当地出产的有机种植的蔬菜和水果比进口的产品更好。可以在3个成熟市场（Ripe Market @www.ripeme.com）中选择一个游览，这些市场每周开放一次，在这里不仅可以采购食材、听到美妙的本土音乐，还可以看到许多手工业者，可以和很多人交流互动。

## 2 食品运输车

**移动厨房**　传统烤肉卷市场的竞争十分激烈：风筝海滩（Kite Beach）上的银色气球巴士旁，当地人排着长长的队伍，等待购买Salt美食车上的小汉堡。而一辆历史悠久的雪铁龙汽车一定会让游客侧目，这辆Ghaf Kitchen（@www.ghafkitchen.com）美食车在节日或是活动时都会售卖著名的豪华三明治和其他英式派对食物。Calle Tacos（@www.calletacos.ae）是一辆颜色鲜艳的美食车，主要供应墨西哥玉米卷，售卖地点不定。

## 3 风筝或桨

**海滩上的锻炼**　除了瑜伽、沙滩排球、慢跑和滑冰，放风筝和站立式划桨成为迪拜新式运动项目。难怪现在超级整洁的哈姆丹酋长海滩因“风筝海滩”的名号而闻名，这里是潮人出没之地。如果不愿意被当作新手看待，可以在Dukite冲浪俱乐部（@www.dukite.com）找寻快速辅导人士。

4

## 神话般的时尚

**来自阿联酋的时尚** 本土设计师的作品像是一个热带花园。柠檬黄、浅绿和粉红是时装的主要颜色，并添加刺绣和饰品。飘逸昂贵的材料和令人目眩的色调被当作品牌Royal Rickshaw（@www.royalrickshaw.com）的标志。这些式样的时装可以在Wafi购物中心的Tiger Lily买到，配套的饰品可以在迪拜购物中心（Dubai Mall）和阿联酋购物中心（Mall of the Emirates）的Aldo配饰商店找到。一年一度的“迪拜时尚前沿”活动（Dubai Fashion Forward @www.fashionforward.ae）展示了最前沿的迪拜潮流时尚（右上图）。

## 陷入沉静

**在迪拜体验幸福** 这里365天沐浴着阳光，许多人突然改变对购物和泡吧的热情，转而对其他活动投入越来越多的精力，以此带来更深的幸福满足感。来自欧洲的女性推崇瑜伽、冥想的乐趣，参加喜爱的老师——通常被认为是她们最重要的良师益友——举办的讲座，她们可能生活在迪拜或定期从印度飞过来。从“瑜伽之友”（@www.friendsofyogaglobal.org）到“城市瑜伽”（@www.urbanyoga.ae）再到禅瑜伽，报价多种多样。

# 迪拜面孔

## 民主是相对的

无论如何，穆罕默德酋长认为只有民主才能带来个人的自由、安全和稳定。对他而言，政党是无意义的。因此，当地设置一个会议室、接待室负责接待被民众选出的代表，他们可以向酋长和统治者提出他们的想法、意见和愿望。这些被新提出的内容如果对社会和人民有益，并能够同伊斯兰教和谐共处，便可能被写入法律。有时候，法律的这种修改有可能会在一天之内完成！

## 最奢华的轿车

迪拜的街道上，到处是豪华轿车，这里是世界上豪华轿车密度最高的国家。周末在豪华酒店的门厅前，停放着各种豪车，酒店为悍马、保时捷和迈巴赫等豪车提供代客泊车服务。而富有的阿联酋人最喜欢价格超过100万欧元的布加迪威龙，这是一款已经获得公共道路使用许可的赛车，超过1 001马力，时速超过400千米，是目前世界上最昂贵和最快的车。迄今为止，每5辆布加迪威龙中就有一辆是在阿联酋登记注册的。因此，许多汽车制造集团在迪拜都设有最大规模和最高贵的展厅。宝马最著名的7系和越野系列的X5和X6在这里的售卖特别成功，因为当地居民更为偏爱。在迪拜售卖的汽车是可以讨价还价的，高质量的赛车也是如此。



上图：在朱美拉海滩上休息的人们

沙漠边缘现代酋长国的特别之处：从多样的阿联酋玩具到骑骆驼的机器人，应有尽有。

## 猎鹰

迪拜人的宠物不是猫和狗，而是狮子和猎鹰。猎鹰经过经验丰富的驯鹰人为期数月的训练，能够习惯和人类共同生活，同时了解它们的任务和命令指示，还有对新主人的识别能力。在沙漠中发现猎物时，猎鹰们会伸出翅膀在空中摇摆，然后俯冲向猎物，最后静静等待它的主人。最贵的猎鹰价值高达100万迪拉姆（约20万欧元）。它们的主人还会带它们到国外狩猎。外国人很少能学会这个在阿拉伯人心中有百年历史的爱好——放鹰术。这种活动不常见，只有在迪拜巴卜阿尔沙姆斯沙漠酒店（Bab Al Shams，又称太阳之门沙漠酒店）和玛哈沙漠度假村（Al Maha），以及偶尔组织的“贝都因人晚餐”中才会有猎鹰表演。

## 遥控赛骆驼

在迪拜，骆驼的地位很高的原因

有二：一方面是迪拜人发自内心地对沙漠动物热爱和崇拜；另一方面，赛骆驼十分受欢迎。除了国际知名赛马项目之外，阿联酋的统治者们会在每年10月到次年4月举行赛骆驼比赛。

传统的手上装饰：一次性彩绘文身

7个阿联酋国最优良的骆驼之间的比赛将会点燃人们所有的激情。事实证明，这些刚刚会站立的骆驼并不笨，只是很倔强、固执，它们只是想要用尽全力。骑师是谁？是轻型赛车机器人。自从当地的儿童骑师被禁止，赛骆驼开始由骆驼所有者进行远程操控。他们坐在SUV上陪同比赛，同时用控制按钮的方式激活小鞭子，刺激骆驼活动。当然，他们会高声欢呼，也会按喇叭并且加速前行，然后随着队伍的远去，喧闹的声音在一片片的沙团中渐渐消失。胜利者将获得声望和奖励，这些价值百万美元的骆驼会得到蜂蜜和山羊奶的犒劳，然后为下一次比赛活动做准备。

## 彩绘文身

如今阿拉伯女性的审美理念还停留在将用各色染料绘制的图案涂画在手和脚上。方法是将研磨成粉末的指甲花植物的叶子同芳香油和酸橙汁一起搅拌成糊状后涂抹在皮肤上。其特有的棕红色可以保持数周。在迪拜，游客也可以在各种美容院做这样的彩绘文身。

## 艺术

迪拜一直是艺术家创作的热门地点。多年来，在这里一直可以找到国际知名的画廊。虽然迪拜没有专门的艺术园区，但对当代阿拉伯艺术感兴趣的人都明白该去哪里。在Al Quoz工业区有阿勒色卡尔大道（Alserkal Avenue）文化项目，您将在那里遇到当地的艺术品经销商，在众多画廊中遇到国际级的策展人。附近还有来自伊朗的著名的Sunny Rahbar女士创办的第三线画廊。画廊的中心也是迪拜国际金融中心（Dubai International Financial Centre，简称DIFC）。这里除了拥有众多艺术画廊之外，还有数十家好的咖啡馆和餐馆供休息。

## 出租车里无男性

男性只能在一旁站立——这是在埃塞俄比亚出生的司机哈迪斯的一个使命。她正坐在一辆行驶的粉红色出租车里，这是女士出租车，只接受女性乘客，或已婚的夫妇。哈迪斯很喜欢她的工作，她认为女性乘客可能更喜欢乘坐她的车，而不必乘坐一个陌生男人开的出租车。或者，她们很容易意识到，这些女性司机更加沉着冷静，比起她们的男性同事更少发脾气。

# 休息片刻

除了很多大酒店的顶尖水疗之外，越来越多的日间水疗正在开放，这里有来自印度尼西亚或泰国的受过训练的水疗师和来自世界各地的美容产品。

### Cleopatra's Spa（折页 U6）

这是迪拜最大、最负盛名的日间水疗中心，水疗中心男性和女性分开。提供巴厘岛精油护理、按摩等。🏠Wafi Center，Oud Metha Road 🕘9:00—21:00（男性10:00开始）¥ 195迪拉姆起 📞0 43 24 77 00 @www.cleopatraspa.com 🚇地铁绿线 Healthcare City 站

### One & Only Spa ●（折页 K3–4）

水疗中心，坐落在One&Only皇家幻影酒店的热带公园里，土耳其皇家蒸气浴是这里最著名的水疗方法。接下来，可以深度放松、休息或游泳，然后再回到阳光下。至少为这里计划半天时间。🏠Al Sufouh Road 🕘9:30—21:00，9:30—13:00仅限女性 ¥按摩290迪拉姆起 📞0 43 15 21 40 @www.oneandonlyresorts.com 🚇地铁红线 Nakheel站

### Sensasia Urban Spa（折页 T4）

年轻时尚的游客会喜欢这里极简主义风格的设计。这里有非常受欢迎的热石按摩和咖啡磨砂。🏠朱美拉购物中心，1. Stock，1 Jumeirah Beach Road 🕘10:00—22:00 ¥按摩 295迪拉姆起 📞0 43 49 88 50 @www.sensasiaspas.com 🚇地铁红线 Emirates Towers站

### Talise Ottoman Spa ●（折页 J2）

这里是水疗的天堂，有价格昂贵的马赛克装饰、穹顶、水盆和小型的独立装饰，以及让人感到快乐的各种护理。体验一次全套的传统土耳其浴：在高温蒸气浴（土耳其浴）出汗后，躺在加热的青苔床上，用黑色的肥皂为身体去皮，然后按摩，这样的体验为体验者带来了内心的平静。当然，最重要的是，水疗后，每一寸皮肤都闪耀着儿童般的娇嫩。🏠Hotel Jumeirah Zabeel Saray，Crescent Road West，The Palm Jumeirah 🕘9:00—21:30 ¥土耳其浴500迪拉姆起 📞04 4 53 04 56 @www.jumeirah.com 🚇地铁红线 Nakheel站

## 雨靴

雨靴对于迪拜人来说是一个特别奇怪的物品。这里一年360天阳光普照；而在这剩下的5个雨天里，有时候会发生混乱，比如汽车堵塞几千米，没有车辆可以通行。然而，仅1天之后便可以说“大雨导致昨天交通混乱。”由于排水系统不够完善，遇到暴雨道路积水增多，每个角落都需要一辆抽水车，用于抽积水。不过不久之后，太阳将再次升起，情况也会有所好转。

## 族长、酋长

酋长，即族长，是传统的贝都因人部落对精神领袖的尊称。一些阿拉伯酋长在死后依然会获得极大的尊敬；另一方面，酋长拥有政府对士兵的指挥权（阿拉伯语中的酋长也意为指挥官）。在迪拜，“酋长”（Sheikh）即对政府首脑的官方称呼。而在个人的交谈中，对穆罕默德酋长的正确称呼是尊称其为“殿下”。

## 书法

想知道自己的阿拉伯名字吗？您可以在XVA画廊（XVA Gallery）找到，在那里会有书法家将其用墨水书写在纸上。Michael变成Miichaa’iil，Liliane变成 Liliiaan，然后将这些字母变成有节奏的弧度。更重要的一点是字体充满了美学设计感。伊斯兰教的诞生是这里书法艺术产生的源头，口头文字与书面文字之间和谐共生是其目标，对先知话语的记载造就了如今繁盛的文化状态。即使是在今天，《古兰经》的大部分经文也都是用书法书写的，这就是为什么迪拜艺术在当今威望依然巨大。

## 水烟

草莓味、香蕉味或拿铁味……烟草的味道会根据季节变化在水烟馆更换。尽管关于吸烟有害健康的说法已经众所周知，但是近年来越来越多的企业开始订购水烟，水烟在这个贝都因人族群，尤其是在男性中传播。水烟也越来越多地受到一些外国女性的欢迎。她们在公共场所吸烟，通过冷水管的过滤后冒出泡泡——这就是为什么有时会冒出很多气泡——这被认为是一种不可或缺的放松方式。在迪拜的任何地方都可以找到价格便宜的水烟，在迪拉（Deira）老城区的商店里，水烟价格更便宜。

## 水和沙漠

阿联酋位于地球的干旱地区，在鲁卜哈利沙漠的边缘。在极大的技术努力中，人们试图阻止沙漠的进一步扩大。在迪拜，人工灌溉技术覆盖了面积庞大的树木等植物。在这个石油丰富的地区，水是一种罕见的资源。尽管匮乏的地下水被挖掘，但是迪拜仍然属于世界水资源消耗量较高的地区，也是最大的水资源浪费地区。阿联酋应该逐步开始谨慎使用水资源。迪拜的水比石油还要稀缺，一瓶水有时比1升石油还贵。从海水淡化厂——其运行需要耗费大量的石油或天然气——将水泵入城市，并通过长长的管道输送到高尔夫球场和沙漠上的居民区。

## 慈善

迪拜的展会通常是那些奢侈品行业的展会。除此之外，这个酋长国已经组织了十多年的国际人道主义援助和发展博览会（DIHAD）。博览会与联合国和红十字会合作，共有20多个国家的与会者参会，重点探讨对灾区人民和发展中国家的援助及慈善事业。迪拜关怀（@www.dubaicares.ae）是一个政府组织，旨在使世界上每个孩子都可以上学；同时，在非洲和亚洲的一些国家建设学校和图书馆，以及致力于改善学生膳食状况。

具有突出特性、极度适应沙漠条件的物种——单峰驼

# 景点

> **从这里出发**
>
> CITY 如果想了解老迪拜，最好从地铁绿线 Al Fahidi站开始。从那里可以进入到修复后的巴斯塔基亚老城区。不远处就是迪拜河河岸——老迪拜的心脏和位于法希迪堡（Al Fahid Fort）的迪拜博物馆（Dubai Museum），以及现代的迪拜市区——这里有世界最高的建筑迪拜哈利法塔、超大的购物中心迪拜购物中心和迪拜湖（Dubai Lake）。可以到地铁红线迪拜购物中心站下车，然后抵达。

**一个多世纪以来这里一直上演着这一场景：来自伊朗或也门的重型货物抵达码头，在迪拜河边卸载。码头上堆放着许多木箱。粉笔在告示牌上标示着下一个目的地：亚丁、孟买、卡拉奇和桑给巴尔。**

当时的情况和如今并没有太大差异。迪拜河长达13千米的河岸线是这个城市的生命线，奠定了迪拜作为贸易城市的财富基础。河南面是布尔迪拜（Bur Dubai）区，那里有历史悠久的巴斯塔基亚（Bastakiya）老城区和阿联酋最古老的商人住宅。河北部的迪拉城区，也被称为繁荣的东方迪拜，到处是东方的商品。在这里可以找到旧露天市场、便宜的印度



上图：迪拜码头

沙漠中的新星——迪拜是高度发达的地区：超级现代，超级豪华，令人兴奋。

餐馆和酒店，以及其他一些非常有趣的地方。继续往南是代表世界贸易中心（World Trade Centre）的几千米长的扎耶德酋长路（Sheikh Zayed Road），两旁耸立着极具特色的摩天大楼。在这里还矗立着世界上最高的建筑——哈利法塔，围绕着它形成了迪拜城市中心。与扎耶德酋长路平行的是海边的朱美拉路，这里是迪拜最豪华海滩酒店的所在地。从飞机上可以更好地欣赏棕榈状的离岸人工岛。

## 布尔迪拜

**阿联酋的历史起源于18世纪末的海湾，其西南端尽头被称为布尔迪拜（Bur Dubai），迪拜先人作为来自阿布扎比（Abu Dhabi）的巴尼亚斯、贝都因部落的一个分支，在这里定居。**

即使在今天，巴斯塔基亚历史悠久的风塔建筑群依然在狭窄的街道上骈肩而立。当地的居民几乎不住在这里，老建筑经过大面积的修复，已

地图标出了迪拜最有趣的几个区域。后文中有每个区域的详细地图，内文所有描述的景点已在地图上标出序号。

经被改建成公共建筑、咖啡馆和商店。生活的多元化是布尔迪拜的主要特色，人们的生活主要围绕在老城附近，来自阿富汗、印度、斯里兰卡和菲律宾的人在这里生活和工作。印度的廉价商店、便宜的巴基斯坦餐馆，以及来自亚洲各地区的色彩、声音和气味邀您到这里闲庭信步。这里距离河岸和历史悠久的Shindagha城区只有几步之遥，那里有穆罕穆德酋长祖父赛德·马克图姆酋长登基的大殿（目前只允许从外部参观）以及遗址与潜水村（Heritage&Diring Village，在建中）。

**1 巴斯塔基亚（Bastakiya）★ ●**
（折页 V4）

这个城市旧中心的午间时光看起来死一般寂静，了无生趣。然而，最迟在黄昏时分，街道、小画廊、博物馆、商店和咖啡馆里就都挤满了人。这是品味巴斯塔基亚的最佳时间。历史悠久的老城区一览无余，城区由大约50个由珊瑚、石灰和黏土制成的房屋组成，它们在1890年由富有的波斯商人建造而成，是典型的阿拉伯风格建筑。在保留原有的风格以及外观的基础上，经过长时间考虑后进行翻新和修复，这些房子现在已经成为文物保护建筑。您可能会注意到大型的风塔建筑群，风塔是早年间迪拜的空调设备，当时完全没有电。XVA画廊既有一个当代艺术展览馆，又有一个咖啡厅，在那里，可以在现代艺术装饰的内院里品一杯美酒。接下来，可以参观小巷里带商店的阿拉伯咖啡博物馆（Coffee Museum），其坐落在一个完整的风塔屋内。巴斯塔基亚紧邻海湾，附近是迪拜最古老的建筑法希迪堡。穆罕默德酋长文化交流中心提供导游 Historic Building，26，Al Musallah Road，Al Fahidi Historical Neighborhood 周二、周四、周日10:30—12:00，周六9:00—10:30 每人65迪拉姆 03 53 66 66 www.cultures.ae 地铁绿线 Al Fahidi站

**2 当地锦囊 Bayt Al Wakeel**（折页V4）

1934年建成的传统商行改建的木质咖啡厅露台带有双层拱廊，邻近海湾，可以闻到海水的气息。阿拉伯游客来来往往，海湾上的运客小船川流不息，迪拉的高楼大厦景观壮丽。 布尔迪拜码头 地铁绿线 Al Ghubaiba站

**3 布尔迪拜市场（Bur Dubai Souk）**（折页V4）

纠缠不休的巴基斯坦销售人员在门口等候，您可以忽略，或是讨价还价后双方协商出一个友好的价格。沿着加盖顶棚的清凉的小巷，传统木门背后的商店出售帕斯米尔围巾、迪拜印花T恤（¥5迪拉姆起）和中国制造的纪念品。围巾的可选择性很大，但是质量和价格的差异也很大。 地铁绿线 Al Ghubaiba站

## 必游景点

**★迪拜帆船酒店**
迪拜的地标性建筑，以单桅帆船为蓝本，是世界上最豪华的酒店之一。→P.43

**★巴斯塔基亚**
堡垒和海湾之间的城市起源。→P.30

**★迪拜喷泉**
每天晚上迪拜湖湖面上演的精彩绝伦的水上舞蹈表演。→P.40

**★迪拜码头**
巨大的港口，有令人印象深刻的游艇和摩天大楼。→P.44

**★迪拜博物馆**
目前是该城市存留最大和最有趣的博物馆。→P.32

**★横渡迪拜河**
乘坐小型游轮横渡迪拜河，感受迪拜生命线的魅力。→P.34

**★哈利法塔**
世界上最高的建筑物——乘双层电梯前往观景台。→P.39

**★Al Khor 滨海路**
迪拜河沿岸的大型双体船。→P.37

**★亚特兰蒂斯度假村**
仅仅是一家酒店，但是请您务必欣赏一下。→P.46

**★迪拜运河**
建造得非常好，已经投入使用，现在这条人工运河贯穿整个城市。→P.41

**4 当地特色 咖啡博物馆（Coffee Museum）**（折页 V4）

咖啡的香气穿透了敞着门的两层楼别墅。这个小型的私人博物馆每层有12个房间，每个房间讲述着不同的故事。您可以在这些来自阿拉伯和欧洲的古老而奇异的咖啡机之间穿梭，多种多样的咖啡可供品尝，还可以在咖啡店和礼品店挑选礼物。🏠House 44，Al Fahidi Historical Neighbourhood ⏲周日至次周四 9:00—17:00 ¥免费入场 @www. coffeemuseum.ae 🚇地铁绿线 Al Fahidi站

古老的手工艺品在迪拜博物馆重获新生

**5 河畔公园（Creekside Park）**（折页 V6）

总长2.5千米的公园边界直接连到迪拜河！那里有巨大的棕榈树、异国情调的树木以及主题花园，是迪拜众多公园中最美丽的公园，是野餐休闲的最佳地点。周末时的河畔公园人流量更多，到处飘着烧烤的味道。🏠Umm Hurair，Garhoud Bridge和Maktoum Bridge之间 ⏲8:00—23 :00 ¥5迪拉姆，缆车 25 迪拉姆 🚇地铁绿线 Healthcare City站

**6 迪拜门（Ddbai Fram）**（折页 U5）

这是什么景点？是公园里的巨大的金色相框？不，它是两个150米高的相互连接的塔楼，是一个新景点，于2017年年底开放。乘坐电梯抵达顶部93米长的玻璃桥，从高处您不仅可以看到标志性建筑，同时可以领略迪拜老城区的海湾美景。博物馆坐落在1层。🏠Zabeel Park 🚇地铁红线 Al Jafiliya站

**7 迪拜博物馆（Dubai Museum）★**（折页 V4）

作为迪拜最古老的建筑物，自1787年开始这里就被认为是迪拜的纪念碑，同时对当地人民具有非常深远的意义。●最好在此时来一个热腾腾的午餐。在黄昏时分，伴随着舒适的凉爽，来到复古的露天广场，仿佛回到了几十年前的迪拜。真人装扮的移动木偶扮演着商人和买主，另一个区域则上演捕鱼。您可以进入一个简陋

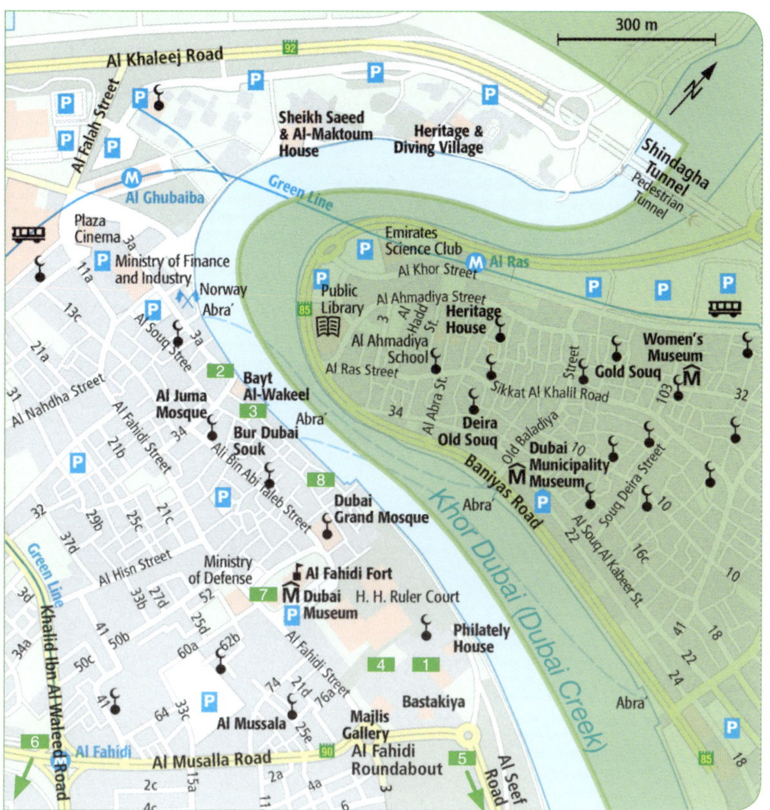


**布尔迪拜景点**

| | | |
|---|---|---|
| 1 巴斯塔基亚 | 4 咖啡博物馆 | 7 迪拜博物馆 |
| 2 Bayt Al Wakeel | 5 河畔公园 | 8 北印度巷 |
| 3 布尔迪拜市场 | 6 迪拜门 | |

渔村中的小屋，或进入沙漠，那里可以看到独特的人造星空。🏠Al Fahidi Street，Al Fahidi Fort 🕒周六至次周四8:30—20:00，周五14:30—20:30 ¥3迪拉姆 🚇地铁绿线 Al Fahidi 站

### 8 北印度巷（Hindi Lane）（折页V4）

在这里——迪拜的小印度，您会感觉没有一个地方比布尔迪拜和米娜市集（Meena Bazaar）更美妙。除了商店和印度餐馆之外，印度社区还保留着寺庙，游客可以在北印度巷看到。在参观寺庙之前，可以购买供奉

的物品。空气中弥漫着藿香的气味，身穿五颜六色服饰的印度女性正向您走来。商店里不仅售卖椰子，而且还有许多供奉祭品，以及犍尼萨和毗湿奴的照片，甚至可以看到佛陀。布尔迪拜大清真寺（Grand Mosque）的后面有几座印度教寺庙，安置在简单不显眼的房子中，供奉湿婆、赛巴巴、毗湿奴和黑天神。访客脱鞋后将鞋放在街道上的鞋架上才可拜访。在特殊的日子里（有时会是满月时）或印度大师到达时，这里将会组织法会，也就是祈祷、吟诵和冥想，并供奉祭品。这里的一切以全人类和平为导向——一个给内心带来平和的口号。Ali Bin Abi Taleb St.附近

# 迪拉

**迪拉（Deira）给人的第一个印象是历史上重要的贸易中心，以及在迪拉的市场上感受到的当地居民的热情。**

街道两边的商店并列排开，售卖香料、黄金、电子产品和服装，除祷告时间外，这里24小时开放。早在19世纪就定居在迪拉的当地人和伊朗商人家庭被称为“海湾的内陆先锋”。这里有海湾最大的露天市场。现代的摩天大楼影响着巴尼亚斯路（Baniyas Road），那里停泊着十几个传统的木制桅帆船。迪拜的很多商人生活在迪拉，直到深夜，街巷上依然有食物在贩卖，还可以到印度和巴基斯坦餐馆吃饭。

### 1 当地锦囊 艾玛迪亚学校（Al Ahmadiya School）●（折页 V4）

拱廊、拱门、庭院和一个7米高的风塔：1912年建成的迪拜第一所学校已经得到了大面积修复。高高的房间装饰着《古兰经》经文的浮雕般的刻字。学校最早是为成年男性提供服务的，20年后，统治家族的儿子和富有的商人来到这里上课。15a Sikka Street，Al Ahmadiya Street 周日至次周四8:00—19:30，周五14:30—19:30 免费 地铁绿线 Al Ras站

### 2 横渡迪拜河（Crossing the Creek）（折页 V4）

河岸上的超现代高层建筑和巴斯塔基亚地区历史悠久的蜂蜜色建筑物被城市的生命线——缓缓流动的迪拜河分隔开。如果想去到另一边，可以通过迪拜河步行隧道和4座桥。但是最好★乘坐一条开放式的木船（水上巴士）横渡迪拜河，船最多可容纳20名乘客。木船通常情况下全天运行，4艘船并排排列，一旦有足够的乘客，几分钟后就会出发。花费1迪拉姆就可获得这样的快乐：在十几分钟的路程中可以欣赏到城市的现代化轮廓和传统的巴斯塔基亚全景。这些船只停靠在迪拉，地点在布尔迪拜的两个水上巴士站（轮渡码头）的对面。如果有兴趣可以当地锦囊 单独租用一个水上巴士，租金120迪拉姆。

### 3 迪拉鱼市场（Deira Fish Market）（折页 W4）

这个市场闻起来气味确实不太好，因为无数摊位上售卖着阿曼虾，以及堆积成山的来自阿拉伯海

在布尔迪拜，来自印度的外籍员工出售具有本国特色的商品

湾的鲷鱼和神仙鱼。来鱼市请尽早，此时会有渔船卸载和拍卖新捕捞的新鲜鱼。如果想当地锦囊买鱼并马上品尝，那么最好是晚餐的时候来，带着您的购物所得原材料到餐厅Grill and Shark Restaurant（Al Ras Komplex 6:00—24:00 €），那里有专业人士为您加工，味道很棒！Deira Corniche Road 5:00—13:00，17:00—23:00 地铁绿线Palm Deira站

## 4 迪拜河高尔夫及游艇俱乐部（Dubai Creek Golf & Yacht Club）（折页V6）

这里有着无比宽阔的视角。一边是城市天际线和海湾前浓密的绿色和小湖；另外一边是庞大的混凝土帆船，让人联想到阿拉伯独桅帆船，这是新迪拜不能忽视的标志。The Boardwalk（周日至次周四12:00—24:00，周五至周六8:00—24:00 €€）带露台，可俯瞰迪拜河，提供国际美食；Casa de Tapas（周日至次周四 16:00至次日

2:00，周五12:30 ¥ €€~€€€）不仅有美味的西班牙海鲜饭，还有味道美妙的饮品，Das Lakeview（6:30—23:30 ¥ €€）既国际化又休闲。Al Garhoud，Deira City Centre对面 酒店 02 95 60 00 @ www.dubaigolf.com 地铁红线 Deira City Centre站

### 5 黄金市场（Gold Souk）（折页V4）

来自亚洲、欧洲和俄罗斯的游客汇聚到这个商店超过300家的黄金市场。这里几乎全部是以重量来销售金饰，不仅是购物场所，也是一个游览的景点。迪拜被认为是世界上最重要的黄金交易中心，市场入口处的"黄金之地"牌匾确实是迪拜的真实写照。市场已经有数十年的历史。Sikkat Al Khail Street 9:30—13:00，16:00—22:00 地铁绿线 Al Ras站

### 6 当地锦囊 遗址屋（Heritage House）（折页V4）

这个博物馆完美展示了20世纪初迪拜人的生活和居住环境。这座始建于1890年的传统阿拉伯风格建筑于1910年由当时的业主进行扩建，扩建面积达到900多平方米。进入内院，首先到达的是用《古兰经》和武器装饰的男性接待室和会议室。博物馆里面的几个房间带有少量的家具和

许多来到这里的人会张大嘴巴，被黄金市场的耀眼辉煌所震撼

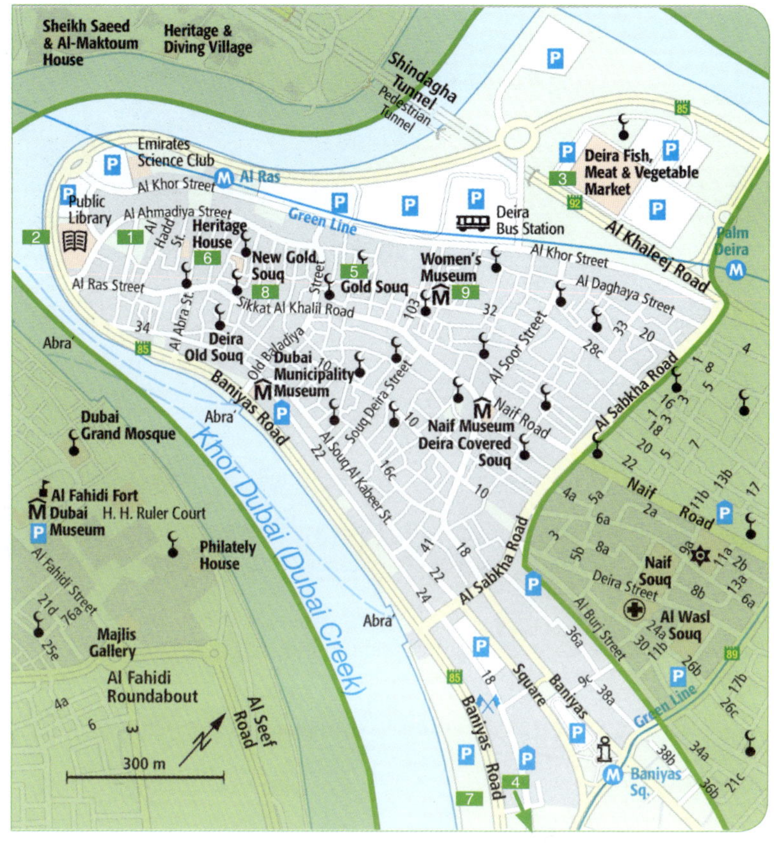


**迪拉景点**

1 艾玛迪亚学校
2 横渡河湾
3 迪拉鱼市场
4 迪拜河高尔夫及游艇俱乐部
5 黄金市场
6 遗址屋
7 Al Khor 滨海路
8 香料市场
9 女性博物馆

一些个人物品，其主要功能是展示当时的手工制作和审美标准。这里的一切看起来都充满永恒的美 15a Sikka Street，Ahmadiya Street 周六至次周四 8:00—19:30，周五14:30—19:30 免费 地铁绿线 Al Ras站

### 7 Al Khor 滨海路 ★（折页 V4）

海水的咸味混合着东方香料的芳香和柴油的味道，同迪拜的现代魅力形成鲜明对比的是Al Khor滨海路和位于Baniyas路的海湾码头。这里停靠着三四排大型重负荷的货船。箱子、麻袋、床垫、材料包和汽车轮胎等从船

带着嗅觉、味觉，倾听交易者的谈话：香料市场是一场感官的盛宴

上卸下来，堆放到岸上。Baniyas Road，Al Maktoum Bridge 和 Al Ras之间 地铁绿线 Baniyas Square站

**8 香料市场（Spice Souk）**（折页V4）

在香料市场狭窄的小巷里，小商店相互毗邻。空气中飘着豆蔻、丁香和芫荽的味道，巴基斯坦商人出售袋装的桂皮、胡椒，还出售咖啡、茶、杏仁核、开心果、藏红花和鲜花。Al Ras Street，紧邻黄金市场 周六至次周四 8:00—13:00，16:00—22:00，周五16:00—22:00 地铁绿线 Al Ras站

**9 当地锦囊 女性博物馆（Women's Museum）**（折页V4）

这座艺术性的、私人的、真实的博物馆坐落在一个狭窄的建筑物内。这个隐秘的地方主要是围绕神秘的当地女性进行展示，让欧洲人了解另外一个陌生的世界。这里有传统的旧式长袍、第一个女性（旅游）护照等展品。馆内设有咖啡馆和小型纪念品商店（出售袋子、衬衫等）。Dhighaya Area，黄金市场后面 周六至次周四10:00—19:00 ¥20迪拉姆 @www.womenmuseumuae.com 地铁绿线 Al Ras站

# 迪拜中心区

**哈利法塔是目前世界上最高的高塔，因为它的存在，它附近所有的摩天大楼看起来都变小了。几乎在迪拜的任何地方都可以看到这座塔。此外，它也是迪拜最繁华的中心。**

近几年来，迪拜中心区（Downtown Dubai）成为这个酋长国的热点。在这里，可以在标志性建筑脚下的迪拜购物中心购物，欣赏迪拜喷泉；也可以在迪拜河边散步，这条河一直延伸到大海。迪拜中心区的最大特点是超现代和传统的融合。这里的豪华酒店有着东方沙漠奢华风格，如同宫殿和公寓设施的综合体。在这里散步非常有趣。还可以乘坐怀旧的当地锦囊 双层木制客车，在迪拜中心区内共3站。哈利法塔和迪拜购物中心的倒影映在迪拜河上，河上有一座桥通往阿尔巴哈露天市场（Souk Al Bahar），这里有昂贵的雕刻品和东方的纪念品。随着黄昏的临近，迪拜湖的周围聚满了人，每个人都在找一个好的位置，以便更好地欣赏迪拜喷泉。该地区的咖啡馆、餐厅和酒吧融合了魅力、设计感和东方的壮丽风格，特别是周末会有很多外国人来聚会。许多人还被吸引到新的歌剧院，即将建成的歌剧院区还建有豪华酒店、公寓和海滨长廊。12车道的扎耶德酋长路和迪拜国际金融中心形成商业区的边界，在无车的Gate Village，除了豪华住宅外，还有时尚的咖啡馆和画廊。

### 1 哈利法塔（Burj Khalifa）★（折页 S5）

在这座塔的建造过程中，迪拜就已经取得了胜利：828米高的哈利法塔直入天际，成为迪拜的建筑地标。塔的外观采用银色闪光铝，顶部外形为多个锥形塔，该建筑是目前世界上最高的建筑，共163层，设57部电梯。塔的内部有办公室、公寓、餐厅、俱乐部、游泳池、健身中心和酒店：1~8层和38~39层是乔治·阿玛尼设计的酒店。哈利法塔的124层有一个高454米的景观台，148层有另外一个景观台，高555米。游客可以在迪拜购物中心（地下一层）标有“顶部”的柜台购买门票参观。然后，经过一个大型的购物中心，通过一个传送电梯到达哈利法塔，那里有

## 省钱有道

最便宜海港之旅是乘坐水上巴士从Shindagha（折页V4）到Al Seef路的“旅游之旅”。8:00—24:00每个整点发车，45分钟往返 ¥25迪拉姆 地铁绿线 Al Ghubaiba站

一只来自1.5亿年前侏罗纪时期的梁龙——被称为“迪拜恐龙”——吸引着众多爱好者前往迪拜购物中心，不只是小孩子。在精品店和咖啡馆中间有长24米、高7.6米的恐龙骨架，其于2008年在怀俄明州（美国）被发现，后被分解空运至此永久免费展示。令人兴奋的是，90%的骨架是完好的！

## 迪拜中心区景点

1 哈利法塔

2 迪拜喷泉

3 迪拜购物中心

4 迪拜运河

5 Gate Village

6 朱美拉清真寺

7 莎弗公园

一个双层电梯，可以在1分钟内将游客首先送达124层，然后到148层。如果提前在网上预订，就可免除排长队的困扰。Financial Centre Road，1st Interchange 124层观景台：8:30—17:30、19:30—22:00 125迪拉姆，17:30—19:00 200迪拉姆；快速通道300迪拉姆；148层观景台：8:30—19:00 500迪拉姆，19:00后350迪拉姆 www.burjkhalifa.ae 地铁红线Dubai Mall站

### 2 迪拜喷泉（Dubai Fountain）★

●（折页 S5）

一个带音乐喷泉的人工湖听起来似乎不怎么令人兴奋，但是迪拜依然可以将其做到极致，并让人经历一次超凡的体验。迪拜喷泉花费超过2亿欧元。黄昏时分，突然响起铿锵的旋律，不断变换颜色的喷泉伴随着优美的经典音乐，如惠特妮·休斯敦的《我将永远爱你》（*I Will Always Love You*）的旋律缓慢流动，融入夜色当中，成千上万的观众为之动容。

🏠Dubai Lake，Downtown 🕒周六至次周四 13:00—13:30，周五13:30—14:00，每天18:00—23:00（每30分钟一次）🚇地铁红线 Dubai Mall站

### 3 迪拜购物中心（Dubai Mall）●（折页 S5）

这是一个大型购物中心和休闲娱乐中心，共有1 200个店铺，还建有迪拜水族馆（Dubai Aquarium）、水下动物园，奥运会规模的溜冰场、黄金市场、巨大的电影中心以及160个咖啡馆和餐厅。迪拜购物中心拥有当地锦囊 12条免费运行的巴士线，涵盖所有城区的商场，穿梭在每一家酒店和购物中心的巴士站之间，车站有车次时间表。🏠Financial Centre Road，Sheikh Zayed Road，1st Interchange 🕒周日至次周三10:00—24:00，周四至周六10:00至次日1:00 @www.thedubaimall.com 🚇地铁红线 Dubai Mall站

### 4 迪拜运河（Dubai Water Canal）★（折页 Q4-R5）

穿上运动鞋，沿着迪拜运河和两岸的林荫跑道（一种为步行者、慢跑者和骑行者提供的码头跑道）跑起来吧！漫步在林荫道上，亲身体验建筑地标和动感的迪拜。人工运河总长3.2千米，宽度80~120米，深度4~6米，连接中心区与阿拉伯海湾（朱美拉海滩）。迪拜运河的建成使这个沙漠酋长国成为一个潟湖岛上的城市。乘坐迪拜渡轮（@www.dubaiferry.com），可以直接沿着运河及其延长线前往9个车站。当看到太阳从迪拜中心区的天际冉冉升起，人们对迪拜的深刻记忆在以后的日子里很难被磨灭。🌿在迪拜侯爵万豪酒店的两座摩天大楼一起自拍？在运河岸边的林荫道便可以实现。之后从扎耶德酋长大桥顺流进入运河，各种颜色的瀑布让人想驻足观赏。顺便提一下：除了几条城市高速公路之外，海水填充的运河还跨过3座悬索桥，精湛的技术结构让人感叹。这就是新迪拜！🏠入口在Business Bay地铁站

### 5 Gate Village（折页 S-T5）

迪拜证券交易所内的广场和小花园是由橄榄树和仙人掌构成的城市园艺风格，在10座风格独特的塔式建筑

迪拜购物中心里设计独特的咖啡吧

的倒影下是一座高架平台，无车辆。很多画廊和精品店打开门营业，人们可以进入咖啡馆和餐厅，这些咖啡馆和餐厅都有户外的桌子，可以尽享地中海风情。装饰为艺术宫殿风格的卡尔顿酒店是最大的亮点。“努力工作，聚会更难”是对银行家和股票经理人而言的，他们沉浸在当地锦囊**低洼花园**（Sunben Garden）的烛光中品酒聊天。Sheikh Zayed Road，迪拜国际金融中心 地铁红线 Financial Centre站

朱美拉清真寺也允许非穆斯林入内

### 6 朱美拉清真寺（Jumeirah Mosque）（折页 T4）

这座城市最大的、外观最美丽的清真寺是1983年用象牙石灰建成的圆顶型建筑，两侧有两个尖塔，大圆屋顶由柱子支撑。米哈拉布（壁龛）的位置始终与圣地一致，右边是布道台。对非穆斯林来说，清真寺的门通常是关闭的，但朱美拉清真寺是一个例外。穆罕默德酋长文化交流中心提供1小时的当地锦囊**清真寺导游讲解服务**。Jumeirah Road 周六至次周四，9:00开始登记 ¥20 迪拉姆，1:00—11:15 导游讲解。男性必须穿长裤，女性可得到一个黑披肩（阿拉伯女性传统黑袍）和头巾。@ www.cultures.ae 地铁红线 Trade Centre站

### 7 莎弗公园（Safa Park）（折页 Q4–5）

这个占地64万平方米的自然公园是迪拜最古老和最美丽的公园之一。早在1975年时，其为扎耶德酋长路和Al Wqsl路之间的绿洲，由朱美拉住宅区居民建造。今天，在这里仍然可以发现将近1.7万种不同的树种。这里有慢跑道。Zayed Road，Al Wasl 8:00—23:00（周二仅限女性）¥3 迪拉姆 地铁红线 Business Bay站

## 朱美拉

**朱美拉（Jumeirah）将满足您所有关于度假的梦想，包括阳光和海滩等。沿着几千米长的●朱美拉海岸线可以领略到迪拜豪华酒店的风采，包括世界著名的迪拜帆船酒店。**

**朱美拉景点**

1 迪拜帆船酒店

2 迪拜码头

3 朱美拉古堡酒店

4 朱美拉棕榈岛

5 迪拜滑雪场

6 朱美拉海滩度假区步道

沿着朱美拉公路向南行驶，右边是大海，前面是郁郁葱葱的绿树，忽隐忽现的棕榈树后是当地人的宽敞的别墅和王室的宫殿。朱美拉不仅是一个首选的住宅区，还是一个娱乐区，到处是游艇、公园、度假村、酒店。站在海岸前，您会目睹迪拜如何将其超级梦想付诸实践：朱美拉棕榈岛、人造岛屿……这个阿拉伯的酋长国在一步步实现它的梦想。在朱美拉人们大多不走路，而是坐出租车或乘坐旅游巴士。皇家幻影酒店（Hotels Royal Mirage）的入口处，许多豪华轿车聚集在那里。穿着白色长袍的迪拜人漫步到入口去，陪伴他们的是他们高贵优雅而且美丽的妻子。对于阿联酋人来说，在朱美拉住宿就像回家一样寻常且舒适自在，所以在这里最有可能看到阿联酋人。

## 1 迪拜帆船酒店（Burj Al Arab）★

（折页 N3）

红色的覆盆子与草绿色和浅绿色的松石交替出现，日落之后，帆船酒店像一只五颜六色的热带鸟一样闪闪发光，每15分钟换一次颜色。1999年开业的迪拜帆船酒店在世界范围内的知名度，标志着迪拜的崛起，成为世界级的度假胜地。这个成本约12亿美元的建筑位于人工岛上距离海滩300米的地方，高321米，拥有202间房，房间面积169~780平方米不等。酒店是一个风吹起的单桅帆船的造型，28楼的圆形平台是一个直升机停机坪。如果乘坐扶梯从地下1层上到酒店门厅，可以看到喷泉冲出地面30米高的景色，光线照在上面，闪耀着彩虹般的色彩。如果想进入，需要提前在其中一家餐厅、咖啡馆或酒吧预订。在Al Mahara海底餐厅或Al Muntaha餐厅（高200米，可以眺望迪拜和海滩的梦幻美景）吃午餐，可以使用信用卡预订并获得预订号码。也可以预订包含帆船酒店参观的城市之旅，或是到旅行社预订帆船酒店的特别之旅。也可以通过酒店的网站预订下午茶或周五早午餐，然后获得预订号码进入酒店。Jumeirah Road 视餐厅和营业时间而定，单人70~170欧元 0 43 0176 00，0 43 01 77 77 www.burj-al-arab.com 地铁红线 FGB站

## 2 迪拜码头（Dubai Marina）★ ●

（折页 J4）

摩天大楼、疯狂建设的高楼大厦、4千米长的人造海湾和多个游艇码头……虽然迪拜码头约200多家大型建筑并未全部完工，但是大家已经对这里充满了激情：（大型）游艇和摩天大楼是水和陆地的绝妙聚合，黄昏时分，同来自世界各地的人们在这里漫步是非常有趣的一件事。从迪拜码头林荫道（奢华的码头购物中心前）出发，前往海湾。可以选乘迪拜渡轮或物美价廉的水上巴士。天际线在光亮中闪闪发光，海水中的波光跳动着。许多休闲咖啡厅都有水烟。每年的10月至次年4月在码头购物中心的林荫道会定期举行当地锦囊 码头集市（Marina Market 周三10:00—22:00，周四至周六10:00—23:00），集市上售卖工艺品和纪念品。迪拜码头位于扎耶德酋长路，位于市中心西南方25千米处。地铁红线 Jumeirah Lake Towers u. Damac站

在迪拜，没有摩天大楼和游艇、码头是完全不可能的

### 3 朱美拉古堡酒店（Madinat Jumeirah）（折页M4）

从空中俯瞰，酒店看起来像是一个阿拉伯当地的村庄：巨大的传统阿拉伯风格多层建筑，带有风塔、木质阳台栅栏、拱门和露台、宽阔的水道边界，水面上到处都是运行的水上电动巴士。但一旦踏入，朱美拉古堡酒店会将之前对它的认知完全推翻：这里已经没有什么老旧风格了，在这个人造环境下嵌入的是两家酒店。无论如何，这些巨大的阿拉伯宫殿值得一看，它们同其他摩天大楼建筑形成鲜明对比。这里还有一个传统集市的艺术复制品，但是它看起来有些无聊，鉴于迪拜还有许多真正的市场，这个市场可以考虑不去。另外，隔壁的餐馆和咖啡馆也是非常迷人的。Jumeirah Road @www. madinatjumeirah.com 地铁

红线 Mall of the Emirates站

## 4 朱美拉棕榈岛（Palm Jumeirah）（折页 K–L 2–3）

朱美拉海滩（Jumeirah Beach）对面的棕榈形人造岛由一条约2千米长的"树干"构成，周围的防波堤仿佛是17片"棕榈叶"，被称为"新月"。棕榈叶上建造了价值数百万的昂贵别墅，部分联列式住宅区相互靠近。树干的部分是拥有600个游艇停泊位置的码头。这条公路通向"新月"中的隧道，在豪华的亚特兰蒂斯度假村（Atlantis）前明亮起来。当地锦囊 棕榈单轨车（¥ 15迪拉姆，往返25迪拉姆 @ www.palm-monorail.com）便停靠在那里。从皇家幻影酒店的沿海地铁站通道出发，经过朱美拉棕榈岛到码头。 Al Sufouh Road @ www.thepalm.ae 地铁红线 Nakheel站

★亚特兰蒂斯度假村（1 539个房间 ¥ €€€）是一座美丽的粉红色宫殿。进到里面会让人感觉不可思议：高高的柱子上刻有浮雕，门把手设计成海马和海豚的造型，墙上挂着章鱼、珊瑚和海葵的照片。失落空间水族馆（Lost Chambers  Crescent Road ¥ 单人票100迪拉姆 @ www.atlantisthepalm.com）是荧光水母、巨型鳐鱼和雄伟的石斑鱼的栖息地。如果不想住在酒店，可以尝试住在失落空间。水族馆以传说中的亚特兰蒂斯遗址的风格装饰，由一个隧道系统改建。度假村拥有20个餐厅和一个水上乐园（Aquaventure）。当地锦囊 迪拜棕榈之旅带您乘船领略"新月"后面的景致，其处在朱美拉棕榈岛内，提供预订服务（ 11:00和18:00  04 3 36 77 27 @ www.dubai-travel.ae）。

## 5 迪拜滑雪场（Ski Dubai）（折页 M5）●

在一个面积约3个足球场大小的地方创造出了一个有6 000吨雪的室内滑雪场，这便是迪拜滑雪场。冬季运动爱好者在零下2摄氏度的温度下，在5个下坡滑道尽情玩乐。除滑雪缆车外，还有一个游艇输送梯。滑道的最大长度是400米，每晚会覆盖30吨人造雪，连购物中心也因融化的冰雪而降温。对于儿童和青少年来说，在塑料环上下坡滑行是一个巨大的乐趣。 Sheikh Zayed Road，4th Inter-

change，阿联酋购物中心 周日至次周三10:00—23:00，周四10:00—24:00，周五9:00—24:00，周六9:00—23:00 ¥ 2小时210迪拉姆，全天310迪拉姆，含滑雪设备 @ www.theplaymania.com/skidubai 地铁红线Mall of the Emirates站

### 6 朱美拉海滩度假区步道（JBR Walk）（折页 J3）

对于许多迪拜人来说，这里是迪拜最热门的步行道。宽阔的林荫大道每晚都聚满游客、当地居民和外籍人士，对面海边是巨大的赭色公寓和朱美拉海滩度假区（Jumeirah Beach Residence，JBR）的酒店大楼，崭新的保时捷和法拉利豪车停在楼前。1.7千米长的步道旁是郁郁葱葱的枣椰树，两边有大约200家精品店、咖啡馆和餐厅。最靠近海边的是朱美拉海滩中心对面的咖啡馆和餐厅，全部为设计经典、风格超现代的低矮的建筑物。喜欢运动的人则可以从软软的专业塑胶慢跑道去雪白的朱美拉沙滩参加瑜伽课程。这里的迪拜展现了顶级海滩度假胜地的一种完全放松的状态。 朱美拉棕榈岛和迪拜码头之间 地铁红线Jumeirah Lake Towers站

沙漠中的冬季运动场地：迪拜滑雪场

# 城郊景点

**从飞机上俯瞰可以清楚地看到迪拜是一个被沙漠包围的酋长国。但在城区范围内，您几乎不会觉察到这一事实。**

沙子和灰色的灌木丛围绕着沙漠上的多车道，但其实没有必要专门开车很远去感受沙漠的存在。建议乘坐出租车，价格便宜；租车或是预订全天游也是不错的选择。当地人对马的热爱可以从他们的建筑中感受到，有兴趣的话可以参观梅登赛马场。

## 红色沙漠（Big Red）

太阳的最后一缕霞光浸入100米高的金黄色的哈马尔沙丘（Al Hamar），这里没有安静的沙漠氛围，很多时候相当热闹。红色沙漠距离迪拜大约55千米，各式各样的出租者随时提供四轮自行车和有4个巨大低压轮胎的摩托车，人们可以骑着它们冲进沙漠，在沙丘上追逐（¥1.5小时80迪拉姆）。最悠闲、环保、经济的方式是乘坐骆驼。上骆驼前请谈好价格（¥1.5小时约40迪拉姆）。

## 梅登赛马场（Meydan Race Course）

●（折页 R-S8）

没有任何地方像这里一样有一个如此令人印象深刻的奢华的赛马跑道：主看台是一个巨大的超现代风格的建筑，可容纳6万名观众、一个五星级酒店、一个餐厅、一个IMax影院和一个博物馆（当然均是以赛马为主题）。如果正好没有比赛，就可以参加一个有趣的马匹之旅：在享用梅登酒店提供的自助早餐之后前往马匹俱乐部参观（包括游泳池、护理室和治疗室）。教练很欢迎参观者，在这里可以看到专门为职业赛马师设置的训练区域和训练马的跑道。每周至少有一次比赛。🏠Al Meydan Street，Nad Al Sheba，布尔迪拜东南10千米，Sheikh Zayed路第2个路口 🕒11月至次年3月周四、周五19:00 ¥25迪拉姆起 @www.meydan.ae

# 书籍/电影

《去天堂》（2015）：导演赛义德·萨尔梅在这部屡获殊荣的影片中讲述了一个阿联酋男孩寻找家庭温暖的故事，他以同情和爱对抗消费和技术。

《迪拜》（2009）：以照片和文字说明展现了沙漠中迪拜的辉煌和背景。

《迪拜1001个成功交易案例》（2009）：作者以一个企业家的角度，用诙谐的语调描述了海外浮华世界背后的故事。

《碟中谍4》（2011）：主演汤姆·克鲁斯在哈利法塔的顶部攀登时的一些搞笑的动作将世人的眼光再次锁定在了迪拜，其他地点还有朱美拉棕榈岛的扎比尔宫殿酒店和沙漠。

火烈鸟在冬季时会在拉斯奥科尔野生动物保护区栖息

当地锦囊 **伊斯兰文明博物馆（Museum of Islamic Civilization）**

这是一座仅有几十年历史、以伊斯兰风格建造的有着金色圆顶和高大拱廊的建筑，是沙迦（Shariah）最美丽的博物，是阿拉伯联合酋长国最好的博物馆之一，也是以主题呈现的大型而迷人的伊斯兰物品收藏馆。陈列的黑白照片展示了在麦加的朝圣者虔诚的形象。这里禁止非穆斯林进入。对信徒来说最独一无二的宝物是一块布，也就是麦加天房早前的遮蔽物。神圣的遗物被牢牢固定在玻璃后面。Corniche Street，Al Majarrah，Sharjah 周日至次周四8:00—20:00，周五16:00—20:00 ¥10迪拉姆 @www.sharjahmuseums.ae

**拉斯奥科尔野生动物保护区（Ras AlKhor Wildlife & Waterbird Sanctuary）**（折页 T7）

在海湾的边上，有一个6平方千米的自然保护区，为候鸟提供栖息地，同时也为这里生活的火烈鸟提供保护和栖息地。大约90个品种的2万多只鸟类在该地区生活。这里共有3个观测塔。Ras Al Khor，迪拉东部8千米 周六至次周四9:00—16:00 ¥免费入场 地铁绿线 Creek oder Healthcare City站（额外5千米需乘坐出租车）

# 美 食

**走进迪拜这个世界闻名的美食世界吧！没有其他哪个地方像这里一样，餐厅多种多样、富有创意、令人兴奋并且极具创新魅力。**

在这里，能24小时感到满足，花费价格的多少取决于您自己。酒店为到来的美食爱好者提供令人心动的美食，从室内设计美妙的餐厅到沙漠帐篷和购物中心的快餐店，以及外籍工人爱去的印度和巴基斯坦餐馆，应有尽有。在迪拜可以用很少的钱品尝到美食。

您品尝过Camelccino吗？卡布奇诺和骆驼奶并非适合每个人的口味，但至少应该是非常健康的。这就是为什么今天几乎在每家超市都能找到像牛奶一样的骆驼奶酸奶，而自助早餐也是如此。谈及新的烹饪趋势，到迪拜吃鱼是最流行的。除了街头小吃和越来越多的素食餐厅外，像西方人一样，阿联酋人也越来越热衷于加工有机食品的餐馆。顾客也乐于见到，当一天结束时餐厅将剩下的食物都捐赠给社会机构。

Dhal 是一种常见的印度小扁豆菜。还有香料鸡：将鸡在椰奶中蒸煮几个小时，并加入捣碎的新鲜香料进行烹饪，味道十分独特。迪拜无数的印度餐厅从不让人失望，阿拉伯餐厅——大多数以黎巴嫩美食为主——提供各种价位的美食。在迪拉和布尔迪拜，会有很多当地的外籍工人前来



上图：香料市场

## 豆蔻、香菜和很多奇特的东西：世界各地的美食在迪拜相聚。

品尝美食。迪拜是阿联酋各地地方菜的大融合，然而，想要品尝到美食，必须去寻找。最值得品尝的是Khameer饼，一种传统的椰枣糖浆奶酪配馅饼。还有一种很少人尝试的美味——番红花和坚果冲制的高热量的甜点。

穆罕默德酋长文化交流中心（📞03 53 66 66 @www.cultures.ae）的 当地锦囊 文化早餐（⏰周一、周三10:00 ¥70迪拉姆）有Lugimat（带海枣浆的面团）、Bilaleet（甜面条）、Humous Nakki（鹰嘴豆汤）和Kobs Khameer（面包）。另有包括香料鸡、鱼肉和特色米饭的文化午餐（⏰周日、周二13:00 ¥80迪拉姆）。地方性的特色小吃有烤肉、切碎的鸡肉和烤牛肉，用面包卷起并加入沙拉酱和西红柿，随处可以购买。在街头小摊上吃东西可以放心，在迪拜，所有的餐馆包括小吃摊的卫生安全是不必担心的，都可以达到标准。在迪拜，花费2~200欧元都可以享用一顿正宗的晚餐。

Tom&Serg 餐厅位于时尚的Al Quoz街区

## 咖啡馆

### % Arabica

如果你是咖啡达人，一定早就对% Arabica有所耳闻，这家咖啡店最早开在日本京都一条小巷子里，现在在香港和迪拜都有分店，是一家必去的咖啡店。G Floor，The Dubai Mall（Level Shoes旁边）0 43 31 10 71 周一至周日10:00—24:00 人均25迪拉姆

### 当地锦囊 阿拉伯茶馆（Arabian Tea House）（折页 V4）

这是坐落在传统的巴斯塔基亚经过修复的历史建筑里的一个露台咖啡厅。坐在高高的阿拉伯长椅或欧式风格的椅子上，享用阿拉伯或英式早餐、新鲜果汁、冰薄荷茶、沙拉、汤和三明治。茶馆附带有卖珠宝和艺术品的小商店。63 Al Fahidi Street，Bastakiya 7:30—22:00 0 43 53 50 71 www.arabianteahouse.co 地铁绿线 Al Fahidi站

### Level 43 Sky Lounge （折页 T5）

在155米的高空品味 当地锦囊 Sky-High茶，餐厅提供三明治、蛋糕、茶，还可以喝一杯香槟，欣赏眼前壮丽的景色。如果想看哈利法塔和歌剧院的全景，请在预订时向服务人员要求提供可俯瞰迪拜城区景观的座位。Sheikh Zayed Road，Hotel Four Points by Sheraton Sheikh Zayed Road 12:00—18:00 05 64 14 22 13 www. level43lounge.com 地铁红线 Financial Centre站 €€

### Lime Tree Café （折页 T4）

别墅前的露台是欧洲人的聚会场所，他们在这里品尝小菜、沙拉、糕点和汤，早餐喝焦糖玛奇朵和多种选

择的新鲜压榨的果汁，吃松脆的牛角面包。Jumeirah Road，Nahe der Jumeirah Mosque 7:30—18:00 0 43 25 63 25 www.thelimetreecafe.com 地铁红线 Emirates Towers站

当地锦囊 **有机食品和咖啡（Organic Food &Café）**（折页 Q5）

提供来自德国的有机产品，来自哥斯达黎加的咖啡、美味的奶酪和有机沙拉：在这个产品丰富的商店里，来自欧洲的顾客会来购买午餐，享用附近咖啡馆美味的沙拉和果汁。Sheikh Zayed Road/Exit 46，Oasis Center旁边 8:00—22:00 0 43 38 29 11 www.organicfoodsandcafe.com 地铁红线 Noor Bank站

**空中酒吧（Skyview Bar）★**（折页 N3）

一个极度奢华的酒吧：位于帆船酒店27层200米高的空中茶厅（¥620迪拉姆，包含一杯香槟、各种美味的面饼和手指三明治）一如既往地时髦，在这里消费可获得一张帆船酒店门票。提示：在空中酒吧的大厅接待处乘坐高速电梯到酒吧，找一个靠近右侧窗口的位置，保证可以看到惊人的景象，特别是在下午。下午茶（13:00—18:00）需要预订。Hotel Burj Al Arab，Jumeirah Road 0 43 01 76 00 www.burj-al-arab.com 地铁红线 FGB站

**Tom&Serg**（折页 O5）

没有任何一个地方的浓咖啡可以和这里的媲美，这里全天提供简餐，包括焦糖吐司、古巴三明治和金枪鱼。来自澳大利亚的老板Tom和来自西班牙的Serge为您提供最美味的食物。Al Joud Center，15A Street，Al-Quoz Industrial Area 8:00—16:00 ¥ € 05 64 74 68 12 www.tomandserg.com 地铁红线 Noor Bank站

## 阿拉伯口味餐厅

当地锦囊 **Apple**（折页 W4）

提供多种阿拉伯菜肴，黎巴嫩自助餐也值得推荐，物美价廉。令人印象深刻的是其带有户外露台，可以欣赏迪拜河。餐后品尝一下著名的水烟。Twin Towers Shopping Centre，3.Stock，Baniyas Road，Deira 8:00—24:00 ¥ € 0 42 22 25 67 www.applecaferest aurant.net 地铁绿线 Baniyas Square站

### 美味之选

**★巴斯塔基亚之夜餐厅**
在历史悠久的老街区感受古老的迪拜，品味风塔建筑宫殿中的阿拉伯美食。→P.54

**★Bayt Al Wakeel**
在露台俯瞰迪拜河，领略心旷神怡的美景，还可乘坐水上巴士和木制小船。→P.54

**★空中酒吧**
27层高：享受真正意义上的"美食"。→P.53

**★Pierchic**
海中码头的浪漫之地，求婚的绝佳胜地。→P.56

### 巴斯塔基亚之夜餐厅（Bastakiyah Nights）★（折页 V4）

位于海湾附近的巴斯塔基亚区有着阿拉伯式的浪漫风格。沿着黑暗中火把的光亮，走进这座历史悠久的风塔楼餐厅。餐厅提供传统的阿拉伯美食，冬季的时候在内院提供服务，11间阿拉伯风格工艺品装饰的客房分布在2层，在屋顶花园可以看到迪拜河和迪拉的天际线。靠近Ruler's Court，Bastakiya 11:00—23:00 €€ 0 43 53 77 72 地铁绿线 Al Fahidi站

### Bayt Al Wakeel★（折页 V4）

这家拥有双层拱廊的餐厅提供小吃和阿拉伯风味菜肴，包括美味的鱼类特色菜，还可在木制的露台上欣赏河湾美景。Bur Dubai Souk，Zwischenden Abra Stationen，Bur Dubai 12:00—24:00 €€ 0 43 53 05 30 地铁绿线 Al Ghubaiba站

## 最受欢迎的美食之地

### 集装箱里的鱼

一家单纯的鱼餐厅，Bu Qtair餐厅（折页 O4）（79 2b Street，Umm Suqeim，Jumeirah 5，Jumeirah Road 周六至次周四12:00—14:30、18:30—23:30，周五18:00起 €~€€ 05 57 05 21 30 地铁红线 Noor Bank站）看起来像是一个破烂的集装箱，靠近迪拜帆船酒店。请先不要只根据它不甚美观的外表草率做出判断，请先找一张桌子，品尝一下鱼和虾，您会惊讶的。不是每天都能品尝到如此美味的东西，体验这美好放松的心情！

### 咖啡胡同

这里的一切都是关于咖啡的，当然，几乎没有哪里比这里的咖啡更美味了。而且，在咖啡柜台前可以遇到很多外籍人士，您会觉得自己就是这个城市的一员，而并非一个游客。Raw咖啡有限公司（折页 O5）（Warehouse 10，7a Street，Ecke 4a Street，Al Manara，Al-Quoz 8:00—17:00 € 0 43 39 54 74 www.rawcoffeecompany.com 地铁红线 Noor Bank站）

### 简单却极具印度特色

灯链和用塑料花装饰的玻璃窗让它的外观看起来极其普通，但是这里的烹饪水平极佳。这间印度/巴基斯坦餐厅名叫当地锦囊 Punjab（折页 V4）（Bukaz Building，Al Esbij Street，Meena Bazar，Bur Dubai 8:00—23:00 € 0 43 52 50 58），是一家价格便宜的餐厅，而且每道菜都很美味。更重要的是，可以点几份速食咖喱餐，再加上印度薄饼或印度馕（印度面饼）、一碗酸奶酱。或是询问一下邻桌的印度家庭，请他们帮您推荐一下。

**Local House**（折页 V4）

这里有传统的阿拉伯菜肴，可品尝到当地美食，还可以吃到地道的骆驼汉堡。🏠65 Al Fahidi Street，Bastakiya 🕒12:00—23:00 ¥€€ 📞0 43 54 07 05 @www.localhousedubai.com 🚇地铁绿线 Al Fahidi站

**Al Nafoorah**（折页 T5）

餐厅多次被评选为迪拜最好吃的黎巴嫩餐厅，这里有杰出的美食和各种可供选择的冷热开胃菜（餐前小菜）。经典的混合烤肉——羊肉碎末加入小麦和薄荷，别具风味。可以在户外露台上品味美食。🏠Ground Floor，The Blvd.，Emirates Towers，Sheikh Zayed Road 🕒12:30—15:30，19:00—23:30 ¥€€€ 📞0 43 66 58 66 @www.jumeirah.com 🚇地铁红线 Emirates Towers站

当地锦囊 **Ravi**（折页 T4）

无论来这里是享用早餐，还是为了吃土豆卷饼、喝奶茶，或是去吃鸡肉饭，所有的菜肴都是正宗的巴基斯坦菜肴，既美味又便宜！🏠Al Dhiyafa Road，Al Satwa 🕒5:00至次日3:00 ¥€ 📞0 43 31 53 53 🚇地铁红线 Trade Centre站

**Shabestan**（折页V4）

这个城市最好的波斯餐厅：华丽的装饰、传统的伊朗美食，伴着美妙的现场音乐。有作为开胃菜的炖肉卷饼，然后是加入葡萄干和藏红花的米饭拌着嫩羊肉，此外还有冰激凌、加入香料的玫瑰水，最后来杯摩卡。🏠Hotel Radisson Blu，2.Etage，Baniyas Road，Deira 🕒12:30—15:15，19:30—23:30 ¥€€€ 📞0 42 05 70 33 @www.radissonblu.com，www.hotel-dubaideiracreek 🚇地铁红线和绿线交会处 Union站

阿拉伯风格咖啡

## 海鲜餐馆

**鱼市场（The Fish Market）**（折页 V4）

这家在迪拜享誉盛名30多年的海鲜餐厅遵循着一个简单但成功的经营方式：由顾客在柜台上摊开的食物中选择虎虾、牛排或龙虾，然后确定所需的蔬菜，最后选择烹饪方式（烤或炒）。之后品着泰国鸡尾酒欣赏海湾美景，等待烹饪好的美

食。🏠Hotel Radisson Blu，2层，Baniyas Road，Deira🕒12:30—15:30，19:30—23:30¥€€€📞0 42 05 70 33@www.radissonblu.com/hotel-dubaideiracreek🚇地铁绿线和红线交会处Union站

当地特色 **Golden Fish**（折页 V7）

这里有海鲜拼盘和石斑鱼，以及阿拉伯薄脆沙拉。面对河湾方向找个位置坐下，俯瞰过往的小木船和水上巴士，这里展现的是迪拜真实的、生机勃勃的一面。🏠3A Street，Bur Dubai🕒10:00至次日1:00¥€📞0 43 27 73 55🚇地铁绿线 Al Ghubaiba站

## 省钱有道

在Karachi Darbar餐厅（折页U5）（🏠Karama Shopping Complex，Al Karama🕒5:00至次日2:00📞0 43 34 72 72@www.karachidarbargroup. com🚇地铁红线ADCB站）可以以最低的价格享用巴基斯坦或印度美食。日落之后，桌子可以放到户外。

希望高档餐厅高昂的价格能削减一半？这也是可能的，因为迪拜的170多家餐厅提供网上预订特价优惠活动，午餐或晚餐自助餐、海鲜自助餐、周五的早午餐，均可获得30%~50%的折扣。@www.groupon.ae/coupons/dubai/restaurants

Ashwaq Cafeteria快餐（折页V4）（🏠Sikkatal Khail Road，Deira Palace酒店对面，迪拉🕒11:00—24:00📞0 42 26 11 64🚇地铁绿线 Al Ras站）为您准备了美味的烤肉卷。或者您可以选择羊肉、鸡肉或蟹肉三明治（¥5~7迪拉姆）。

**Pierchic** ★●（折页M4）

这是一家星级餐厅，是晚上享受鲈鱼和虾的一个非常浪漫的地方：木制的小桥将您带到河湾中央的露台，露台上可以欣赏闪亮的迪拜帆船酒店和朱美拉古堡酒店。提示：预订露台上的一张桌子！🏠Madinat Jumeirah，Jumeirah Road🕒12:30—15:00，18:30—23:30¥€€€📞0 43 66 58 66@www.jumeirah.com🚇地铁红线FGB站

**Salmontini**（折页 M5）

这家日料店的鱼实际上来自挪威峡湾，而不是阿拉伯海湾，所有的鲑鱼、三文鱼美食在这里都用鲑鱼。餐后小食有苹果派和冰冻的果汁。此外，可以欣赏滑雪场美景。🏠The Mall of the Emirates，Level 1（West End）🕒12:00—24:00¥€€€📞0 43 41 02 22@www.salmontini.com🚇地铁红线Mallof the Emirates站

## 美食车

**Last Exit**

许多历史悠久的快餐车提供全天24小时服务，风格类似于20世纪60年代的美国风格。无论是墨西哥食物、泰式虾或是开心果冰激凌，都可以在公园的长椅上享用，并与其他人愉快交谈。🏠Sheikh Zayed Road E11，Interchange 11¥€📞0 43 17 39

迪拜长长的海岸线为其海鲜美食提供了条件

99 @www.lastexit.ae

## 融合食物

### Texas Road House

这家餐厅是阿联酋的网红餐厅，在阿布扎比也有一家分店，非常火爆，经常要排队。Texas是一家美国连锁餐厅，主打食物是牛排。餐厅环境不错，菜品丰富。推荐甜而不腻的蘑菇汤，正符合中国人的口味。吃饭前喝一口美味的汤，暖暖胃。🏠LG112-2，The Dubai Mall ¥148迪拉姆 📞44 19 02 66 🕒11:00—23:00

### Red Lobster

位于迪拜商场，在当地颇有人气，食材非常新鲜，龙虾是必点的食物。🏠Dubai Mall，LG层 🕒11:00—23:00 ¥156迪拉姆 📞43 25 31 31

### Shake Shack

这是一家在美国很火的汉堡包快餐店，如今分店开遍世界各地，在迪拜也有数家店。汉堡肉选用天然安格斯牛肉，现烤现卖，很受游客和当地市民的青睐。🏠Sheikh Zayed Road，Mall of the Emirates 🕒周一至周四7:00—19:00 ¥75迪拉姆 📞43 47 55 13

### 地中海餐厅（Mediterraneo）

餐厅位于全球第一高楼哈利法塔8层，垂直高度约25米。用餐环境非常好，厨艺精湛的厨师们制作出各种经典美食，还可以在餐厅里欣赏音

独特的沙漠气候使迪拜在饮食习惯、生活习俗等方面与众不同

乐喷泉。Armani Hotel Dubai P.O. Box 888333，Burj Khalifa 1 Mohammed bin Rashid Boulevard，Downtown Dubai 周一至周日06:00—11:00，12:30—15:00，18:30—20:00 ¥250迪拉姆

### 水果世界（Juice World）

餐厅位于沙迦酋长国的中心，是一家当地的阿拉伯快餐店。餐厅的最大卖点是里面的大型水果室，吸引了每位大小朋友进入参观。特色菜是阿拉伯大饼。阿拉伯大饼是阿拉伯餐的必点食物之一。大饼外面脆脆的，很香；里面软软的。蘸上当地的配料一起吃，味道会更好。Rolla Square，Al Ghuwair，Sharjah 12:00至次日1:00 ¥35迪拉姆

### 旋转餐厅（Al Dawaar）（折页 W4）

从餐厅望出去，会发现迪拜尽在脚下。餐厅位于凯悦酒店25层，每小时旋转360度。这里的自助餐非常丰富和精致，需要转两圈才能了解全部食物。推荐预订靠近窗口的桌子！Hyatt Regency Hotel，Al Khaleej Road，迪拉 12:30—15:30，19:00—24:00 ¥€€€ 0 42 09 69 14 @www.dubai.regency.hyatt.com 地铁绿线 Palm Deira站

精致的鱼料理：在Al Dawaar餐厅没有什么美食是享用不到的

### 当地锦囊 冰与火（Fire and Ice）（折页U6）

这个名字揭示了一个理念：这里的菜肴口味可能截然不同。这里的砖头内饰让人联想到纽约风格的阁楼，餐厅有透明厨房，您可以看到里面发生的一切，例如火焰突然喷出来。厨房精致，注重细节，无论是牛腩牛排、黑松露土豆泥还是加柠檬黄油的菠菜都非常诱人。Hotel Raffles，Sheikh Ras hid Road，Wafi 19:00—24:00 €€€ 0 43 24 88 88 www.raffles.com 地铁绿线 Healthcare City站

### 曼哈顿烧烤（Manhattan Grill）（折页U6）

商务人士午餐时间在这里会面，强烈推荐品尝有3道菜的套餐。菜单上还可以找到鱼肉和羊肉的特色菜。关于甜点，可以品尝草莓焦糖布丁。Grand Hyatt Hotel，Tra-

Ashwaq Cafeteria餐厅提供美味且价格实惠的旋转式烤肉

# 特色美食

**Achar** 蔬菜加入醋、大蒜、菜花、橄榄、甜菜、洋葱和辣椒。

**Babaganoush** 茄子和西红柿加入洋葱、香菜、盐和芝麻油。

**Baharat** 辣椒、香菜、丁香、小茴香、肉豆蔻、桂皮、胡椒香料的混合物。

**Baklava** 千层酥皮甜品，加入用蜂蜜浸泡的杏仁、开心果和豆蔻。

**Camelccino** 加骆驼奶的卡布奇诺。

**Foulmedames** 蒸煮的豆子，加入调配过的番茄酱和洋葱。

**Hammour** 阿拉伯海湾的鲈鱼（烤、煎）。

**Houmus** 鹰嘴豆泥加入芝麻油和盐（左上图）。

**Kebab** 肉串（羊肉、牛肉、鸡肉）。

**Khoubiz** 热面饼。

**Labneh** 加大蒜的奶酪。

**Mashweesamak** 烤鱼。

**Maskoul** 洋葱米饭。

**Mehalabiya** 开心果布丁。

**Muaddas** 扁豆饭。

**Muhammar** 甜米饭加小豆蔻、玫瑰水和杏仁。

**Mutabbal（Moutabel）** 烧茄子加芝麻酱和坚果。

**Qahwa** 咖啡（主要配料是小豆蔻，不加糖）。

**Shaurabatadas** 传统的阿拉伯扁豆汤。

**Shawarma** 切薄的羊肉、火鸡肉沙拉。

**Shishkabab** 羊肉串。

**Shishtawouk** 腌制的烤鸡肉串（右上图）。

**Tabouleh** 沙拉加入香菜、西红柿丁、黄瓜、洋葱、小麦粒和薄荷。

**Waraenab** 藤叶酿五香米。

de Centre Road，Bur Dubai 周日至次周五 12:30—15:00，19:00—23:30 €€~€€€ 0 43 17 22 21 www.dubai.grand.hyatt.com 地铁绿线 Healthcare City站

**Shakespeare & Co**（折页 J4）

这家餐厅有着维多利亚风格的优雅，室内是美妙的集魔幻世界和爱丽丝仙境的组合设计。餐厅供应咖啡、蛋糕、沙拉和三明治，还可以在迪拜

码头的露台上欣赏游艇和高楼，户外还可以吸水烟。Al Marsa Street，Ground Floor，Dubai Marina Mall，Dubai Marina 7:00—24:00 €~€€ 0 44 57 41 99 www.shakespeareandco.ae 地铁红线 Damac

## 印度风味

当地锦囊 **Aappa Kadai**（折页 U5）

餐厅提供南非特产Aappams（类似于碗形的饼），在饼上面加入蔬菜和各种咖喱作为午餐提供，还有北印度的Tandori菜肴和马拉巴尔海岸的特色菜，如牛肉椰子炒饭和鲷鱼（煎鲷鱼）。20B Street，Karama Park，Al Karama ¥€ 0 43 54 80 80 9:00—23:00 www.aappakadai.com 地铁红线 ADCB站

**Asha's**（折页 U6）

这家餐厅在Wafi购物中心营业超过15年（在阿联酋购物中心营业也超过15年），是国际上成功的首推"当代印度烹饪"的餐饮集团的一部分。美味食物有开胃小菜、黏土烤肉串和素的印度烤米饭。Pyramids，Wafi City 12:00—23:00（周五从14:00开始）¥€€ 0 43 24 41 00 www.ashasrestaurants.com/dubai 地铁绿线 Healthcare City站

**Govinda's**（折页 U5）

这里只供应素食。最有特色的吃法是享用一份菠菜扁豆（扁豆咖喱），喝一杯鲜榨果汁。Trade Centre Road，Hinterdem Regent Palace Hotel，Al Karama 12:00—15:00，19:00—24:00（周五13:30开始）¥€ 0 43 96 00 88 www.govindasdubai.com 地铁红线 ADCB站

## 游览观光

当地锦囊 **煎锅美食大冒险（Frying Pan Adventures）**

想要来一次美食的发现之旅吗？那么这个徒步之旅是最好的选择：跟随Arva和Farina姐妹两人闯过迪拜大街小巷，大概步行4千米，发现一家茶馆和小型的异国风味的餐馆，品尝也门、黎巴嫩或北印度的小吃（很多时候需要站着品尝），这是刺激的、美味的和令人兴奋的。只需要网上预订，并准时抵达指定地点即可！¥415迪拉姆 05 64 71 82 44 www.fryingpanadventures.com

# 购 物

**CITY 从这里出发**

著名设计师的商店坐落在迪拜购物中心的时尚大道上。迪拜购物中心是世界上第二大的商场，可以乘坐地铁红线抵达迪拜购物中心站，然后步行前往。这里是现代购物的天堂，有电子产品及年轻时尚的品牌。东方风格的集市坐落在阿尔巴哈露天市场的对面，在那里可以发现许多高质量的阿拉伯纪念品。如果对旧集市感兴趣，可以去位于Abra站的布尔迪拜市场游览。

**在一天中最热的时候前往购物中心购物，并欣赏壮观绚丽的购物中心内景，享受众多购物选择带来的快感。夜晚时分前往露天市场需要注意：在迪拜，每个人都可能在几小时内就把整个假期的现金都花掉，花钱的可能性是无穷无尽的。有时在这里购物是不值得的，虽然迪拜不收税，但是基于汇率的影响，品牌货物的价格并不比其他地方便宜。**

在迪拜购物意味着诱惑、夸张和幻想！在这里可以体验到“没有什么不可能的”。大型购物中心创造了一种世界奇迹，它们甚至已经和景点齐名了。在这些壮观华丽的购物中心能充分地消遣和娱乐。在购物中心蓬


上图：阿联酋购物中心

**无论是在传统的集市还是闪亮的购物中心，售货员都不需要为了销售额而去招揽生意。**

勃发展之前的早些年，人们还难以想象真正的棕榈树、人造水道或滑冰场会出现在购物中心里。今天，这里有1 000万升水的水族馆、综合滑雪场，甚至世界最大的黄金集市，诸多壮观的场所吸引着游客进入商场。一年一度的持续一整月的迪拜购物节（🕒1—2月 @ www.mydsf.ae）也吸引着人们疯狂购物。季末大折扣？没有，但取而代之的是一场能够带来快感的“购物马拉松”，几乎所有的商店和精品店都有折扣（最高可达70%）。充满激情的音乐、时装表演和烟火等大型文化节目推动整个购物节走向高潮。

在迪拜露天市场购物却是完全不同的体验。在传统的阿拉伯集市的小巷和街道，必须要讨价还价！一份上等的藏红花和香草豆荚要50迪拉姆？请您微笑着给对方出一个更低的价格。在您离开之前，卖家会附带赠送一瓶香水。

## 书店

**Kinokuniya**（折页 S5）

这里只有书？恰恰相反。Kinokuniya的意思是狂热的崇拜。这里是位于迪拜购物中心的一家日本书店，以其巨大规模和多种选择而令人着迷。在这里可以找到关于迪拜和沙漠的美丽图片和艺术书籍、超级便宜的平装书、国际杂志和有趣的纪念品，附带咖啡厅。⌚周日至次周四10:00—18:30

马吉利斯画廊里展现地方主题的美丽的情景画

## 设计与时尚

**Fashion Avenue**（折页 S5）

Hermes和Cavalli，Marc Jacobs和D&G，Blumarine和Gucci，这些品牌有什么共同点？它们在Fashion Avenue的迪拜购物中心都有最独特的旗舰店。这里有大约80家奢侈品商店，将给您带来令人兴奋的购物体验。🏠迪拜购物中心1~2层

当地锦囊 **衣橱（Garderobe）**（折页 P4）

Chanel和D&G的夹克衫、Balenciaga的包，Hermes的铂金包——店主Micha Maatouk将其展示在其二手店的真皮沙发和巴洛克风格的镜子之间的柜子里。这里一直都会有便宜货，如Chanel的Ballerinas款鞋子只要150欧元，复古桑皮包（Vintage Mulberry Bag）低于200欧元。🏠Villa 590，Jumeirah Road，Umm Suqeim 1 ⌚周

六至次周四10:00—21:00，16:00—24:00 @ www.garderobe.ae 地铁红线NoorBank站

**Jalabiat Yasmine**（折页S5）

围巾披肩在世界其他地方不太常见，其采用印度羊绒编织，部分有手工刺绣。同时，这里还有像阿拉伯公主所穿的一样的极美的拖地连衣裙。Sheikh Zayed Road，1st Interchange，Souk Al Bahar，Downtown Dubai 周六至次周四10:00—22:00，周五14:00—22:00 @ www.jalabiatyasmine.com 地铁红线BurjKhalifa/DubaiMall站

## 艺术

**马吉利斯画廊（Majlis Gallery）**（折页V4）

这里有本地和国际画家的版画、照片、油画、雕塑以及其他艺术品的展览。67 Al Fahidi Street，Bur Dubai 周六至次周四10:00—18:00 @ www.themajlisgallery.com 地铁绿线Al Fahidi站

当地锦囊 **第三线画廊（The Third Line）**（折页N5）

这是迪拜最负盛名的画廊，坐落在一个外部简陋的建筑里，其藏品涵盖当代阿拉伯和伊朗的艺术家的主要风格，收藏有著名的伊朗艺术家Farhad Moshiri的作品，其作品结合了阿拉伯书法和新巴洛克式艺术风格。Warehouse H78 & H80，Street8/Alser kal Av.，Sheikh Zayed Road，Exit 43，Al Quoz1 周六至次周四10:00—19:00 @ www.thethirdline.com 地铁红线FGB站

当地锦囊 **XVA画廊（XVA Gallery）**（折页V4）

经过翻新的风塔屋里交替展出现代阿拉伯艺术作品。带有商店和咖啡馆。Al Fahidi Street，Hinterder Majlis Gallery，Bastakiya 周六至次周四9:00—19:00，周五10:00—17:00 @ www.xvagallery.com 地铁绿线Al Fahidi站

## 市场

**The Farmers Market on the Terrace**（折页R5）

这是一个绿色的每周市场，销售当地生产的新鲜水果、蔬菜、蜂蜜和鸡蛋。此外还有蛋糕、面包和各种糕点。您还可以在这里野餐。Bay Av.，Business Bay 10月至次年5月周五8:00—13:00 @ www.bakerandspiceme.com 地铁红线Business Bay站

**值得一游**

★**迪拜购物中心**

世界上第二大购物中心，提供最好的购物体验和一系列顶级的服务。→P.66

★**巴哈露天市场**

阿拉伯式设计，拥有极佳的位置。在这里可以买到高品质的纪念品。→P.69

★**黄金市场**

所有的商品都是金子制成的。加工成本很低，保证可以购买到廉价饰品。→P.68

**Ripe 食品、工艺品集市（Ripe Food & Craft Market）**（折页 K3）

水果、蔬菜、蜂蜜和香料——在这里可以购买到当地出产的食品和手工艺品。Amphitheater，Le Meridien，Mina Seyahi 10月至次年3月 周三14:00—21:00 地铁红线 Damac站

## 裁剪与缝纫

这里有印度棉线、锦缎和丝绸制成的衣物：宝莱坞风格裁剪的衬衫和连衣裙、印度哈伦裤和过膝长袍，还有最受欢迎的设计师衣服的仿品，裁剪也很好。在布尔迪拜的Al Khabeer露天市场，能找到许多工艺精湛且费用低廉的印度裁缝。

## 省钱有道

在当地锦囊卡拉马市场（Karama Market）（折页U5）可以买到许多便宜货，包括廉价的纪念品、复刻的设计师T恤、牛仔裤、复刻的皮包和手表。Bur Dubai 地铁红线ADCB站 周六至次周四9:00—22:00，周五9:00—11:00、16:00—22:00

剩一半的水烟、二手书、二手名牌服装和英国瓷器等都可以在迪拜跳蚤市场（折页 U5）（Dubai Flea Market Zabeel Park，Gate1，2，3 10月至次年4月 第一个周六8:00—15:00 5迪拉姆 www.dubai-fleamarket.com 地铁红线 Trade Centre Oder Al Jafiliya）搜罗到。详细地点和日期可以在网上找到。

当地锦囊 **Parmar Tailors**（折页 G4）

Parmar Tailors是男士、女士量身订做西装和商务服装的首选地，保证质量。Al Mas Tower，Jumeirah Lake Towers 周六至次周四10:00—20:00 www.parmartailors.com 地铁红线 Jumeirah Lake Towers站

## 大型购物中心

迪拜的规划者已经将“综合性购物中心”的理念推向极致。现在差不多有50个地点不仅是购物中心，还是主题公园。因此，购物中心不仅可以购物，也是人们休闲的好去处。电影院、水族馆、滑雪场、溜冰场以及咖啡馆和餐厅吸引着人们。再加上迪拜夏季炎热，从5月到9月，人们只能待在空调房间内。购物中心总是非常火爆。

**迪拜免税店（Dubai Duty Free）**（折页 W6-7）

这里等待您的是回家或继续飞行前的最后诱惑：经过多次扩张，1万平方米的候机大厅看不到边际，其被分成许多小精品店，但是还有一些大型的来自全世界的服装设计师店，黄金珠宝、皮具、化妆品、玩具、体育和电子设备商店，每年销售额达10亿美元。其中一部分商品价格低廉。www.dubaidutyfree.com 地铁红线机场，3号航站楼

**迪拜购物中心（Dubai Mall）** ★●（折页 S5）

奢华是这个迪拜最大的购物中心的界定元素，而这里也是世界第二大商场。美术馆、拱廊、镶嵌大理石

穿过伊本·白图泰购物中心遥远的国度后，游客来到了中国区域

和花岗岩的地板、艺术品、华丽的喷泉，彰显着它的与众不同。在这里您不会迷路，借助信息互动屏幕的指引很容易辨别方向。超过1 200家商店可以满足每个人的需求。地下一层还有黄金市场，有300家珠宝店入驻。迪拜购物中心最大的吸引力来自迪拜水族馆，可以从多角度欣赏。Financial Centre Road，Sheikh Zayed Road，1st Interchange 10:00—24:00 www.thedubaimall.com 地铁红线 Dubai Mall站

**当地锦囊 伊本·白图泰购物中心（六国城）（Ibn Battuta Mall）**（折页 G4）

这个商场与迪拜其他商场的不同之处在于其错觉式的结构设计：游客跟随14世纪伟大的阿拉伯旅行家伊本·白图泰的脚步——波斯、印度、中国和希腊。有通道专门通向代表这些国家的区域，乡村街道旁阿拉伯风格的房屋交互排列，还有马赛克墙壁装饰的圆顶大厦，以及巨大的古代帆船。290个店铺中，只有少数是设计师品牌，更多的是当地的手工艺品。70家餐厅和咖啡馆（包括美食广场）满足各种人群对美食的要求。值得推荐的是Soy餐厅（¥€€ 0 43 68 54 74），这是The Gardens区域的东南亚美食。Sheikh Zayed Road，Zwischen Interchanges 5u.6，Jebel Ali 周日至次周三10:00—22:00，周四至周六10:00—24:00 www.ibnbattutamall.com 地铁红线 Ibn

Battuta站

**阿联酋购物中心（Mall of the Emirates）**（折页 M5）

这是世界第三大购物中心，被运营商称为“购物胜地”，不仅可以在这里购物，还可以在其毗邻的凯宾斯基酒店住宿。此外，该购物中心还紧邻迪拜滑雪场，可以透过窗户欣赏滑雪场的景致，或前往购物中心品一杯茶。这里的466家商店中包含伦敦豪华百货公司的分部以及Missoni和Marc Jacobs的精品店。该商场有几十个咖啡馆和餐厅，以及一个为大龄儿童和青少年设计的室内游乐场。免费班车定时开往豪华酒店（包括朱美拉海滩的丽思卡尔顿和皇家幻影酒店）。🏠Sheikh Zayed Road，Zwischen Interchange 🕒周日至次周三10:00—22:00，周四至周六10:00—24:00 @www.malloftheemirates.com 🚇地铁红线 Mall of the Emirates站

## 露天市场

当地锦囊 **黄金钻石公园（Gold & Diamond Park）**（折页 N5）

如果喜欢黄金首饰，并想了解黄金首饰是如何制造的，这个极具魅力的闪闪发光的市场最适合前往。值得一看的博物馆画廊生动地描绘了黄金首饰的制造过程，同时展出的还有阿拉伯和印度设计师的珍贵首饰作品。🏠Sheikh Zayed Road，Interchange 4，Al Quoz 🕒周四10:00—22:00，周五16:00—22:00 @www.Goldanddiamondpark.com 🚇地铁红线FGB站

**黄金市场（Gold Souk）★**（折页 V4）

迪拜的黄金市场多到像沙漠里的沙子，沿着满布商店的小巷散步，会发现有300多家珠宝店鳞次栉比。欢迎来到世界著名的黄金市场！这里的黄金价格按克计算，包含加工费。店铺里闪耀着异国风情，来自印度的女性、带着头纱的阿拉伯女性，以及她们的孩子，让人真正体会到了购物的乐趣。🏠Sikkatal Khail Street，Deira 🕒9:30—13:00，16:00—

22:00 地铁绿线 Al Ras站

**巴哈露天市场（Souk Al Bahar）★ ●**

（折页 S5）

市场靠近哈利法塔，距离迪拜购物中心仅几步之遥，位于迪拜湖中间的一座名为“老城岛”的小岛上，其地理位置十分优越。整个露天市场的小巷复制了12—17世纪阿拉伯风格的装饰和设计灵感，是一个真正的“复制品市场”。这里有强烈的香烟香味，一旦打开大门进入，仿佛置身于21世纪的东方梦幻世界。所有的都是假的——有些人可能还是会如此抱怨，但是设计师已经设计得很好了。华丽的拱门、模糊的灯光、宁静的水和郁郁葱葱的铜灯营造出《一千零一夜》的氛围。这里欢迎拍照，但有大约100家商店的价位很高，商品中经常会看到“台湾制造”的字样。 1 Sheikh Mohammed Bin Rashid Blvd.，Dubai Mall对面，Downtown Dubai 周

香料丰富：东方的芬芳弥漫整个香料市场

六至次周四10:00—22:00，周五14:00—22:00 @ www.soukalbahar.ae 地铁红线 Dubai Mall站

## 地下市场（Souk Khan Murjan）（折页 U6）

这里是Wafi购物中心最吸引人的地方。拥有150家商店的富有阿拉伯古典气息的集市位于购物中心地下2层，主要出售伊斯兰风格的手工艺品、阿拉伯珠宝、地毯和家具。Oud Metha Road，Sheikh Zayed Road，Wafi 周日至次周三10:00—22:00，周四至周六10:00—24:00 地铁绿线 Healthcare City站

## 传统市场

传统市场真实而接地气，这里紧张而忙碌，大部分经销商都很气派，同时师傅也很守信用。

传统的布尔迪拜集市（折页 V4）（位于布尔迪拜Abra站），也被称为大集市或老集市，商店主要提供纺织品。

在香料市场（折页 V4） Al Ras Street，Deira）可以发现来自亚洲和阿拉伯的异国香料，以大麻袋包装，比超市价格便宜。

香水市场（折页 V4）（Perfume Souk Sikkatal Khail，Deira）的东方芳香精油和香水吸引着人们，可以在这里自己混合调配。

## 迪拜特色商品

### Patchi 巧克力

有“巧克力中的爱马仕、劳斯莱斯”之称的Patchi巧克力是一款来自黎巴嫩的巧克力，是中东唯一一款能够问鼎世界顶级巧克力行列的品牌，也是世界四大巧克力品牌之一。LG 127&LG128，The Dubai Mall 10:30—22:30

### Bateel 椰枣

在迪拜很有名的黑椰枣，是椰枣中的奢侈品，味道一级棒，据说皇室成员极其喜爱。The Dubai Mall，LG（靠近哈利法塔登塔入口）周日至次周三8:00—24:00，周四至周五8:00

至次日1:00，周六 8:00—24:00

### The Camel Soap Factory

迪拜这家纯天然有机骆驼奶手工皂在网络上销售很火，号称比羊奶皂或牛奶皂的成分优质10倍，是回国伴手礼的最佳选择。🏠LG Level，Near Fountain Entrance🕒10:30—22:30

### 骆驼奶粉（Camelait）

迪拜这款骆驼奶粉被称为“沙漠白金”，营养价值非常高，是送礼之选。🏠E6 Floor LG，Dubai Mall🕒10:30—22:30

### 迪拜精油

颜值爆表的迪拜精油也是在迪拜必买的特产之一，外表非常精致。从上往下看瓶身的玻璃水滴，会看到里面有花的图案。🏠Souvenir Shop，Dubai International Airport🕒8:00—24:00

周边荒凉的土地更映衬出了迪拜这一沙漠中的绿洲的夺目耀眼

# 夜生活

**CITY 从这里出发**

从朱美拉古堡酒店开始享受夜生活是个不错的选择：在同名的露天市场的豪华酒吧喝上一杯，最好的位置是酒店顶楼，午夜时分可以去城内的迪斯科舞厅。迪拜码头也有别致的夜生活：外国人聚集到老酒吧44，Buddha酒吧则更受商界人士欢迎。阿联酋大厦的购物街上的Harry Ghatto's KTV吸引着当地时尚的青年人，当地人和游客也会在Alta Badia酒吧相遇。

**国际上有名的DJ音乐、摇滚音乐和流行音乐明星在迪拜表演着。夜晚继续白天的喧闹，不过，最繁忙的仍是星期四和星期六。**

除了范戴克、D12这样的国际巨星，其他明星比如克雷格·大卫等也会在这个城市最好的俱乐部参加一些盛大的派对，点燃气氛。迪拜当地也有很多著名的DJ，他们会定期上场表演。俱乐部和酒吧的设备和设计通常都是顶级的。当地人以及不喝酒的外国人会聚集在带有户外长椅的水烟酒吧里。含酒精的饮品只能在有执照的餐厅和酒吧内购买到。在斋月期间，所谓的斋月帐篷在每天日落后开放，提供大量的自助餐和水烟，还有休闲

现代和时尚也适用于晚间的娱乐活动：水烟咖啡厅、游轮晚餐或时尚酒吧。

娱乐活动、民俗表演等。由于高额的税收，迪拜的饮品非常昂贵。如果在“欢乐时光”期间预订，价格会便宜很多。在迪拜感受一下“女士之夜”也是值得的，所谓的“女士之夜”（@www.ladiesnight.dubai.com），通常在一周没有太多事情的一天，为女士提供免费饮品以及免票进入俱乐部的机会。在酒吧和迪斯科舞厅，从18:00起，只允许21岁以上的成年人进入。一些酒吧会检查每个客人。需要注意的一点：任何给公众留下醉酒印象的人都有被捕的危险。每周杂志 *Time Out Dubai*（@www.timeoutdubai.com）都将通报迪拜发生的最新事件。

## 酒吧

**Alta Badia** ⚜（折页 T5）

两台电梯通向51层极简主义风格的酒吧。这家酒吧有200种经典鸡尾酒和新品，如Fraisini，即玫瑰香槟加草莓泥。Emirates Towers Hotel，51st Floor，Sheikh Zayed Road 18:00至次日3:00 www.jumeirah.com 地铁红线 Emirates Towers站

**44酒吧（Bar 44）**（折页 J4）

氛围浪漫，特别适合情侣：穿过烛光从高处欣赏美景，现场还有吸引人的钢琴表演。Grosvenor House，44th Floor，West Marina Beach，Al Sufouh Road，Dubai Marina 周六至次周三13:00至次日1:00，周四、周五13:00至次日2:00 www.bar44-dubai.com 地铁红线 Damac站

**Buddha Bar ★**（折页 J3）

"爱与怜悯"的理念如今在这片沙漠中的绿洲成功宣扬：大量东方元素充斥着休息室和酒吧间，还有一个"禅"餐厅。最重要的是，在这里可以欣赏到游艇码头，还有一个巨大的佛像。Hotel Grosvenor House，Al Sufouh Road，Dubai Marina 20:00至次日2:00 0 43 99 88 88 www.buddhabar.com 地铁红线 Damac站

迪拜帆船酒店在夜幕下比白天时更壮观

**Chillout ●**（折页 O5）

这是迪拜最清爽的酒吧。这里的一切都是冰冷的：座位、桌子、墙壁和柜台都是冰雕的。再加上荧光灯照明产生的效果，这里的氛围让人联想到电影《星球大战》中的冰行星Hoth。进入到零下6摄氏度的酒吧时，需要穿上羽绒服，戴上手套。Times Square Center，Sheikh Zayed Road 10:00—22:00，周四、周五10:00—24:00 ¥ 75迪拉姆 www.chilloutindubai.com 地铁红线 FGB站

**屋顶酒吧（Rooftop Bar）**（折页 K3–4）

酒吧位于皇家幻影酒店的屋顶，有闪耀的蜡烛、东方风格的靠垫和精美的休闲家具。星空下，可以在朱美拉海滩点一杯鸡尾酒，欣赏美景。Arabian Court des Hotels Royal Mirage，Al Sufouh Road 17:30至次日1:00 royalmirage.oneandonlyresorts.com 地铁红线 Nakheel站

**空中酒吧（Skyview Bar）**（折页 N）

在朱美拉棕榈岛海岸上200米高的地方欣赏梦幻美景。这里的人们追求的是有钱人的高消费：一杯苏格兰威士忌售价7 500美元，它的杯子由

18k金制成。Hotel Burj Al Arab，Jumeirah Road 12:00至次日2:00 0 43 01 76 00 www.burj-al-arab.com 地铁红线 FGB站

## 俱乐部

### 360° ★（折页 N4）

17:00后会有许多人来这里看日落，接近22:00的时候，人们举着香槟庆祝生意谈成。在这个独特的海上地理位置可以欣赏到迪拜帆船酒店的彩色景观。凉爽的休闲家具、靠垫和水烟有助于营造一种轻松的氛围，周五晚上来到这里，给一周的紧张工作做一个完美的结束是件无比惬意的事情。Jumeirah Beach Hotel，Jumeirah Road 17:00开始营业 地铁红线FGB站

### 当地锦囊 Mercury Lounge（折页 R4）

在这里可以品尝鸡尾酒，感受温柔的海风，欣赏DJ的音乐。花费极高的价格可以享受最高位置的景色和周到的服务，还可以欣赏到阿拉伯海海湾和摩天大楼的壮丽景色。Hotel Four Seasons，Jumeirah Road 18:00至次日2:00，周三20:00—22:00为女士之夜 www.mercurydubai.com 地铁红线 Business Bay站

### 当地锦囊 N'Dulge（折页 K–L2）

这个迪拜超级俱乐部播放着现代黑人爵士乐。主厅可容纳2 000名宾客，VIP顾客可以从私人包间看到舞池；另一个大厅可容纳500人。想要呼吸新鲜空气，可以去喷泉露台。Atlantis Hotel，Crescent Road，The Palm Jumeirah 周三、周四、周六21:00—3:00，周五16:00—3:00 www.atlantisthepalm.com 地铁红线 Nakheel站

### 当地锦囊 白色迪拜（White Dubai）（折页 R7）

哪怕距离稍远一点也是值得的：这里有非常美丽的屋顶俱乐部，在梅登赛马场顶部的极佳观赏点可以与众多时尚的国际观众观赏激光表演、舞蹈表演，聆听充满活力的声音。拼车出行比较划算。从Events转弯，The Mey-dan Racecourse Grandstand Rooftop，Nad Al Sheba 1 23:00至次日3:00 www.whitedubai.com 地铁红线 Business Bay站

### XL Dubai（折页 J3）

无论是早午餐时间还是下班后，海边现代风格的俱乐部都会吸引众多

**值得一游**

★360°
在高高的海面之上，感受远离生活区域的美景。→P.75

★Buddha Bar
这里有流行音乐和一点点禅意。→P.74

★迪拜歌剧院
迪拜中心区的新星。→P.78

★沙漠中的晚餐
城市外的浪漫活动。→P.76

★游轮晚餐
游轮在城市的天际悠然划过。→P.76

来这里度假的外国人，听世界知名的法国DJ Snake和荷兰的Trance DJ Dash Berlin的音乐。现场直播的足球比赛声音很大，也很有趣。Al Falea Street，Dubai Marina，Habtoor Grand Beach Resort www.xldubai.com 地铁红线 Damac站

## 特色晚餐

### 沙漠中的晚餐

每个前往迪拜的游客都需要的一个体验之旅：站在沙丘上观看日落，然后在星空下用餐。从酒店出发，乘坐越野汽车（通常有4~6位乘客）前往沙漠。天黑时，车开到贝都因人营地。沙漠中设有营地，提供阿拉伯自助餐和特色烧烤。坐在东方风格的地毯上，聆听播放的音乐，观看肚皮舞表演。如果有兴趣，可以参加骑骆驼项目，或预订水烟。22:00左右，越野车将带您返回酒店。在城市所有旅行社均可预订酒店接送服务（¥每人150~220迪拉姆），比如Oasis Palm旅行社（Riqqa Road，Deira 0 42 62 88 89 www.opdubai.com）或Arabian Adventures旅行社（Emirates Holidays Building，1st Floor，Sheikh Zayed Road 0 43 03 48 88 www.arabian-adventures.com 地铁红线 Jumeirah LakeTowers站）。

### 游轮晚餐

乘坐有趣的帆船从河口驶向河湾尽头。首先在甲板上喝点东西欣赏日落美景；然后在凉爽的舱内品尝美味的晚餐，游轮上提供大量的阿拉伯和国际美食；最后在上层甲板上抽着水烟，就这样度过一个完美的迪拜夜晚。这些游艇会停靠在迪拉方向的喜来登酒店和丽笙酒店之间（Al Mansour 0 42 22 71 71 地铁红线和绿线交会处 Union Square站）以及布尔迪拜的Al Seef路（Danat 0 43 51 11 17 Metro Red Line Burjuman）和Al Boom旅游村（0 43 43 30 00 地铁绿线 Healthcare City站）。在现代的、全玻璃的豪华游船上欣赏迪拜河夜景地。Banias Road 0 48 14 55 53 ¥350迪拉姆 www.bateauxdubai.com 地铁绿线和地铁红线交会处 Square站

## 在城市里精力充沛

朱美拉海滨大道绵延14千米，与朱美拉海滩路平行，从迪拜码头海滩度假村（Dubai Marina Resort）到迪拜帆船酒店这条超大型的海滨长廊，有一条5米宽的大道和一条4米宽的跑道，到处可见慢跑者和轮滑者。便利的售货亭和长椅增加了这个聚集点的吸引力。邻近的明亮而细密的沙滩可以让您快速降温或进行水上运动。Sheikh Zayed Road/Exit 46，Audi Showroom附近 0 43 39 44 53 www. wbs.ae

大城市的河湾中浪漫的事情：迪拜的游轮晚餐

## 高尔夫球场

**阿联酋高尔夫俱乐部（Emirates Golf Club）**（折页 K4）

如果白天过于炎热，那么日落后去打高尔夫是个不错的选择。阿联酋高尔夫俱乐部的Faldo高尔夫球场的夜晚是非常明亮的。果岭费280迪拉姆（9洞），450迪拉姆（18洞）。Emirates Hills 0 44 17 98 00 www.dubaigolf.com 地铁红线Nakheel站

## 爵士乐吧

**蓝调酒吧（Blue Bar）**（折页 T5）

您可以在高脚椅上俯瞰迪拜全景，或是在软沙发上恣意地伸展四肢。Novotel Hotel，Sheikh Zayed Road，世界贸易中心后面 14:00—2:00 地铁红线 Trade Centre站

当地锦囊 **Cooz**（折页 U6）

这家鸡尾酒吧的特色是内有演奏爵士乐和吟唱。Grand Hyatt Hotel，Al Qutaeyat Road 18:00—3:00 www.dubai.grand.hyatt.com 地铁绿线Healthcare City站

**Up on the Tenth**（折页 V4）

这是爵士爱好者的聚会场所，从10楼开始，可以将河湾一览无遗，不断更换的爵士乐演奏者带来不断的惊喜，有时也会有钢琴独奏之夜，惬意且浪漫。Radisson Blu Hotel，10th Floor，Beniyas Road Deira 18:30至

次日2:00 @ www.dubai.radissonblu.com 🚇 地铁红线和地铁绿线交会处Union Square站

## 电影院

迪拜有许多大型的电影城，每个电影城都有20多个电影院。电影大部分是英文，门票20~30迪拉姆。鉴于迪拜的多样性，这里会放映各种国际电影，无论是大热的电影还是宝莱坞的小众电影。

当地锦囊 **影院多为电影院和餐厅一体的建筑**：●Vox电影院（阿联酋购物中心）的14个电影院中的两个属于“Vox黄金等级”，这意味着这里有舒适的休闲风格的躺椅，可预订座位。

## 省钱有道

在Boudoir 俱乐部（折页 T4）【🏠 Jumeirah Road（靠近朱美拉清真寺），Dubai Marine Beach Resort 🕒 22:00至次日3:00 @ www.clubboudoirdubai.com 🚇 地铁红线World Trade Centre站】，首先应注意的是女性的比例：周二和周三是“女士全天免费时间”。

● “星光下的电影”（折页U6）【🏠 屋顶花园（Rooftop Gardens），Mahi Mahi餐厅旁边，穿过Thai Chi 餐厅，Oud Metha Road 🕒 10月至次年5月 周日20:00—24:00 @ www.pyramidsrestaurantsatwafi.com 🚇 地铁绿线 Healthcare City站】，周日在Wafi购物中心的屋顶播放经典电影，免费入场！

## 酒馆

当地锦囊 **爱尔兰村（Irish Village）**（折页 V6）

不仅爱尔兰人会在这里举办许多活动，英国的音乐团体也是这里的常客，绿色的草坪和爱尔兰啤酒是这里的绝佳搭配。🏠 31A Street，Al Garhoud，Garhoud Bridge北边（Tennis Stadium旁边）🕒 11:00—13:30 @ www.theirishvillage.com 🚇 地铁红线 GGICO站

## 剧院

**迪拜社区剧院与艺术中心（Dubai Community Theatre & Arts Centre）**（折页 M5）

从迪士尼的《歌舞青春》、英国室内乐团的客串演出，到为学生举办的卡拉OK：这个非营利组织项目主要从艺术展览和各种表演中获得捐赠。🏠 The Mall of the Emirates，Level 2，Al Barsha 📞 0 43 41 47 77 @ www.ductac.org 🚇 地铁红线 Mall of the Emirates站

**迪拜歌剧院（Dubai Opera House）** ★（折页 R5）

年轻、闪亮和超现代的歌剧院是一个引人注目的新地方。它是一座疯狂的、值得回忆的建筑——在可容纳2 000人的演出大厅中，在顶级音响的伴奏下众多艺术大师开始他们的世界首演。这里会提供什么？除了芭蕾舞剧和歌剧，还有英国交响乐团的音乐剧和音乐会。门票可在线预订购买。🏠 Mohammed Bin Rashid Blvd.，The Opera District，Downtown

为迪拜文化生活带来更多色彩的迪拜歌剧院

Dubai @www.dubaiopera.com 地铁红线 Burj Khalifa/Dubai Mall站

当地锦囊 **The Junction**（折页 O5）

这里已经慢慢成为迪拜和国际艺术家业余剧院的顶级舞台，无论是灵魂歌手、宝莱坞演员还是伦敦环球剧院的英国演员都会在此演出。有160个座位的剧院位于Al Quoz超时尚的艺术区，其戏剧有质量保证。Alserkal Av.，8 Street，Al Quoz 0 43 38 85 25 @www.thejunction.com 地铁红线 Noor Bank站

## 红酒吧

**Cincin**（折页 T5）

这是一家风格前卫的马蹄形的红酒吧。传奇的酒单上有350多种著名的红酒。人们在欧洲舞蹈音乐和黑人现代爵士乐的围绕下享受美酒。Fairmont Hotel，Sheikh Zayed Road 19:00至次日2:00 @www.fairmont.com/dubai 地铁红线 Trade Centre站

当地锦囊 **Vintage**（折页 U6）

在沙发和扶手椅间感受亲密、舒适的客厅氛围，在昏暗的灯光下享用您的葡萄酒。酒吧提供各种开胃菜。The Pyramids，Wafi 周五至次周三17:00至次日1:00，周四17:00至次日2:00 地铁绿线 Healthcare City站

# 住宿

**在迪拜可以入住世界上最豪华的酒店，可以在市中心享有适中的价格，可以享受阿拉伯乡村风情，一切皆有可能!**

迪拜很多酒店的建设都花费极高，而且工期很短。迪拜标志建筑迪拜帆船酒店有48层，由Armani & Co.设计豪华套房，这家酒店已跻身世界十大著名酒店之列；亚特兰蒂斯度假村是人工创造的棕榈岛上的一个粉红色的童话般的宫殿，墙上缀满无数金色叶片。迪拜酒店的豪华是不言而喻的，很难想象在一个城市度假时在住宿上有如此多的选择，甚至是五星级以上的酒店（如果存在的话）。可以在这样一个非凡的，无与伦比的地方过夜是很多人梦寐以求的。没有任何一个城市像迪拜一样富有。迪拜帆船酒店每晚的住宿费用是2 000欧元，而一个豪华酒店的不含早餐的普通房间的费用是500欧元。很明显，迪拜是一个巨型的豪华游乐场。

还有一点是独一无二的：尽管迪拜有非常多的酒店客房，但是90%的房间被全年预订，这也是高房价的原因之一。有兴趣的游客在预订的时候需要注意两点。首先，价格会在4月（复活节后的1~2周时间）至10月之间大幅



上图：迪拜帆船酒店大厅

**迪拜的奢华酒店数不胜数，它们争相斗艳、风格迥异。**

度下降。有时候价格下降一半也是可能的！其次，请告别住在海滩上的酒店的想法！朱美拉海滩上的酒店无一例外的都是超豪华酒店；而在迪拜的另一边，远离海的地方，住宿价格便宜一些。迪拉和布尔迪拜区的价位最低。很明显，比较价格是必须的，在门户网站上预订酒店更便宜，有时是在旅馆经营者的网站上。有时候因为竞争激烈，购买完整的套餐，包括飞机票和5天的酒店住宿更划算。@www.dubai-tourism.ae上有200多家酒店可供选择。迪拜的青年旅馆也可以网上预订。方便的是，许多四星级和五星级酒店都提供●免费前往购物中心的巴士，包括迪拜购物中心、迪拉城区中心和阿联酋购物中心。

## 酒店 €€€

**朱美拉希尔顿海滩度假酒店（Hilton Jumeirah Beach Resort）**（折页 J3）

旺季期间，这个拥有完美地理位置的豪华酒店很快会被预订完。可以从附近的迪拜码头出发，然后在朱美拉海滩度假区步道上的一家餐厅用餐，在种满棕榈树的私人海滩上漫步。在这里拥有一间完整的海景房欣赏海景无比惬意。这里气氛和谐，有风格极具创意的餐厅、咖啡厅和酒吧。有389间客房。The Walk，Dubai Marina 0 43 99 11 11 www.hilton.com 地铁红线 Jumeirah Lake Towers站

**康莱德酒店（Conrad）**（折页 T5）

从泰诺健的体育器材、Bose音乐系统、iPod 对接系统到柔软舒适的大床：在高贵的时尚酒店里，您的所有需求都可以得到满足。室外游泳池非常有特色，好似一个巨大绿洲中诱人的热带植物。有555间客房。Sheikh Zayed Road 0 44 44 74 44 www.conraddubai.com 地铁红线 World Trade Centre站

海滩上最好的服务：希尔顿海滩度假村的海滩管家

**欧贝罗伊酒店（Oberoi）**（折页 R5）

灯光、玻璃、镀铬、绝美的艺术装潢和数米高的鲜花花束：在迪拜，具有传奇地位的连锁酒店在各方面都是惊人的。进入一个50平方米的房间，内有独立浴缸和豪华花洒。此外，部分房间还有欣赏哈利法塔梦幻般的视角，并且酒店性价比很高。晚上则一定要去27层的Iris休闲酒吧喝上一杯。有252间客房。Al Aamal Street，Business Bay 0 44 44 14 44 www.oberoihotels.com 地铁红线 Business Bay站

**One & Only 棕榈岛豪华度假酒店（One & Only the Palm）**（折页 K3）

这是棕榈岛上最漂亮、最豪华的酒店，除了一个庄园外，还有6座阿拉伯风格的海滩别墅，里面有浪漫的套房，此外还有两家一流的餐厅。可以乘坐穿梭的游船到对面朱美拉海滩上的皇家幻影酒店。有90间客房。West Crescent，the Palm Jumeirah 0 44 40 10 10 www.oneandonlyresorts.com 地铁红线 Nakheel站

**One & Only 皇家幻影酒店（One&Only Royal Mirage）**★（折页 K3-4）

几乎没有比这里更浪漫的地方了。用开放的曼陀罗花装饰的水盆和喷泉、各种奇幻的门廊、壁龛和整套沙发，这里就像一个巨大的花园，延伸到白色的朱美拉海滩。酒店童话般的水疗中心提供舒适的全方位服务。标准间500欧元起。有246间客房。Al Sufouh Road，Al Sufouh 0 43 99 99 99 www.oneandonlyresorts.com Metro Red Line Nakheel站

**莱佛士酒店（Raffles）**（折页 U6）

来自新加坡的酒店图标多年来已经成为这个城市的酒店亮点之一，酒店漂亮的金字塔结构外观成为迪拜的标志之一。10米高的大厅附带咖啡厅，是最受欢迎的聚会地点。可在客房大阳台的躺椅上观赏迪拜天际的景致。甚至可选择在户外享用精美和高质量的自助早餐。有252间客房。13 Street，Sheikh Rashid Road，Wafi City，Bur Dubai 0 43 24 88 88 www.raffles.com/dubai 地铁绿线 Healthcare City站

**丽思卡尔顿酒店（Ritz Carlton）**（折页 J3）

这家豪华的法国南部风格的海滩酒店位于奢华的朱美拉海滩，具有个性化的特色——从鲜花装饰的香气扑鼻的大厅到房间里的巧克力和一个精致的沙滩袋。从拥有皇家棕榈树和宽敞游泳池的有几十年历史的古老公园（日落之后会点燃数千盏灯）出发只需几步路就可步行到迪拜购物街。有148间客房。The Walk at JBR，Jumeirah Beach，Jumeirah 0 43 99 40 00 www.ritzcarlton.com 地铁红线 Damac站

**香格里拉大酒店（Shangri-La）**（折页 S5）

奢华宽敞的客房提供最好的服务，还有世界级酒店的高贵的氛围。这个宁静的世外桃源有带有咖啡厅和餐厅的游泳馆。顶层是一家俱乐部：

**温馨之选**

★东方客栈
传统的阿拉伯风格的小客栈，装饰奢华。→P.86

★XVA画廊
被艺术包围的画廊坐落在一个古老的修复完整的风塔楼内。→P.84

★One&Only皇家幻影酒店
新伊斯兰设计中童话般的奢华。→P.83

★华尔道夫酒店
下午5点钟时品着Peacock Alley咖啡馆的咖啡，欣赏宏伟壮丽的海景。→P.84

套房带有自己的客厅、休息室，提供茶和鸡尾酒。有302间客房。Sheikh Zayed Road 0 43 43 88 88 www.shangrila.com/dubai 地铁红线 Financial Centre站

**华尔道夫酒店（Waldorf Astoria）★**
（折页 M2）

酒店位于朱美拉棕榈岛200米长的新月形私人海滩，这意味着住宿者可以享受纯粹的海洋和迪拜天际的美景。酒店有融合了现代的海滨风格和阿拉伯风格的巨大客房；还有一个提供水疗理疗的水疗中心，两个大的可调水温的游泳池和一个极好的水上运动中心。有319间客房。Crescent Road East，the Palm Jumeirah 0 48 18 22 22 www.waldorfastoria.hilton.com 地铁红线 Nakheel站

## 酒店€€

当地锦囊 **阿拉伯庭院水疗酒店（Arabian Courtyard）**（折页 V4）

这里有印度餐厅的西塔琴音乐、带有茶室和舒适莫卧儿风格的浴池，

# 不要睡过头！

**接近童话故事的梦想**

这是一个难得的接近童话般梦境的机会：在这个靠近海湾的真正的风塔建筑内睡觉必须要尽早预订 当地锦囊 Barjeel Heritage Guest House（折页 V4）才可以。有9间客房，阿拉伯风格设计的房间美丽舒适，有些房间有四柱床。Al Ghubaiba Road，Shindagha Ufer，Bur Dubai €€ 0 43 54 44 24 www.Heritagedubaihotels.com 地铁绿线 Al Ghubaiba站。

**天方夜谭般的海滩度假**

枣椰树林和绿葱葱的草坪之间有多个绿松石般的游泳池，其长达450米的白色沙滩似乎每天早晨都会刷新，美景、宽大的躺椅和冰镇饮料相得益彰。需要自拍提示？最佳角度是可以拍到迪拜码头的摩天高楼。如果想晨练的话，那个干枯河床风格的Al Ittihad公园及其3.2千米长的慢跑道就在不远处。费尔蒙棕榈酒店（折页 K3）（Fairmont The Palm，有381间客房 The Palm Jumeirah €€€ 0 44 57 33 88 www.fairmont.de/palm-dubai 地铁红线 Nakheel站）

**传统且前卫**

谁喜欢住在典型的旧风塔风格的房间里？本地设计师将其设计成奇特古怪、富有青春活力的风格：一个不同寻常的精品酒店。★ XVA画廊（折页 V4）有7间客房，具有东方氛围，位于巴斯塔基亚最好的位置，酒店提供了与其稍高的价位匹配的设施和服务。有同名艺术画廊和咖啡厅。Al Fahidi Street，Beim R/A，Bastakiya €€ 0 43 53 53 83 www.xvahotel.com 地铁绿线 Al Fahidi站

XVA画廊为其客人提供了一个独特的、个性化的空间

以及带有游泳池、蒸气浴室和极佳按摩效果的小温泉。更棒的是，其位于热闹的Meena Bazar的小巷和街道中间，在历史悠久的迪拜博物馆对面。有173间客房。Al Fahidi Street，Meena Bazar，Bur Dubai 0 43 51 91 11 www.arabiancourtyard.com 地铁绿线 Al Fahidi站

### 阿瓦尼迪拉酒店（Avani Deira）（折页 W5）

酒店位于迪拉的中心生活区，距地铁只需几分钟路程，有环境豪华的房间（35平方米的标准间，带有阅读灯和花洒），就餐氛围舒适、环境佳的印度餐厅，还有屋顶游泳池，适合有预算要求的家庭。有216间客房。Abu Baker Al Siddique Road/Salah Al Din Road，Deira 0 46 01 39 99 www.minorhotels.com 地铁绿线 Abu Baker Al Siddique站

### 弗洛拉大酒店（Flora Grand Hotel）（折页 W5）

尽管这里的房间较小、设计相对无趣，但是相比较迪拜普遍较高的酒店价格，这里应该是实惠游的首选。一个优点是这里有屋顶游泳池和小水疗中心！机场免费接送，每日班车前往购物中心，附近有大量廉价的餐馆。有200间客房。Al Riqqa Street，Al Riqqa 0 42 30 99 99 www.florahospitality.com 地铁红线 Al Riqqa站

### 迪拜福朋喜来登酒店（Four Points By Sheraton）（折页 V4）

这是一家位于市中心的吸引人的四星级酒店，步行10分钟即可抵达3个地铁站，搭乘出租车短途仅需10分钟。酒店提供时尚优质的房间，附带咖啡厅、餐厅等。有250间客房。274C Street，Bur Dubai 0 43 54 33 33 www.starwoodhotels.com/four-

东方客栈虽然价廉，但是装饰很有韵味

points🚇地铁绿线 Al Fahidi站

**东方客栈（Orient Guest House）★**（折页 V4）

酒店位于巴斯塔基亚一座2层的老房子里，提供东方风格的客房。庭院周围有布置高雅的客房，部分客房配有质朴的四柱床和阿拉伯风格的家具。有10间客房。🏠Sikka 15c，Al Fahidi Street，Bur Dubai📞0 43 51 91 11@www.heritagedubaihotels.com🚇地铁红线 Al Fahidi站

当地锦囊 **金色郁金香阿尔巴沙酒店（Golden Tulip Al Barsha）**（折页 M5）

这里充满友好的生活气息，房间风格保持得非常好，工作人员很热情。有125间客房。🏠Sheikh Zayed Road，Al Barsha📞0 43 41 77 50@www.goldentulipalbarsha.com🚇地铁红线 Sharaf DG站

**宜必思迪拉城中心酒店（Ibis Deira City Centre）**（折页 W6）

这是一家经济实惠的中档酒店，设有屋顶游泳池、健身房和小酒馆，还可以步行前往迪拉的购物中心。有365间客房。🏠8th Street，Deira City Centre Mall对面，Port Saeed📞0 42 92 50 00@www.ibishotel.com🚇地铁红线 Deira City Centre站

## 酒店€

**上将广场酒店（Meena Plaza）**（折页 U4）

这家9层的印度酒店在巴基曼购物中心（Burjuman Center）附近，还有两家酒吧。酒店有30个大套间，均带有阳台、冰箱和电视。酒店提供阿育吠陀疗法、咖啡、免费的机场接送等服务。有82间客房。🏠Al Mankhool Road，Choitrams附近，Bur Dubai📞0 43 51 42 22@www.meenaplazahotel.20m.com🚇地铁红线 ADCB站

**迈阿密酒店（Miami）**（折页 W4）

这是一家经济实惠的小酒店，价格高一点的房间带有阳台，也提供较大的家庭套房。有44间客房。🏠Naif Road，Deira📞0 42 29 53 35🚇地铁绿线 Palm Deira站

**新星酒店（Nova）**（折页 V4）

这里有一种极具生活气息的氛

围，被Meena Bazars附近的餐厅和商店包围。酒店有简单的客房、印度风格的装饰，甚至提供4人间。有84间客厅。Al Fahidi Street，Meena Bazar 0 43 55 90 00 www.dubainovahotel.com 地铁绿线 Al Fahidi站

**总统酒店（President）**（折页U5）

酒店有简单的房间，有3个酒吧、餐厅和咖啡商店。价格实惠，但是偶尔会有些噪声。主要住客为印度人。有60间客房。2B Street，Al Karama，Bur Dubai 0 43 34 65 65 www.presidenthoteldubai.com 地铁红线 ADCB站

**皇后酒店（Queens Hotel）**（折页W4）

酒店地理位置优越，位于迪拉黄金市场和香料市场的喧嚣中，步行即可到达。带有游泳池，一些房间有阳台。这里也不够迷人，但足够实惠。有70间客房。39b Street，Al Sabkha Road 0 42 26 80 00 www.queens.hotels-in-dubai.org 地铁绿线 Palm Deira站

**太阳城国际酒店（Sun City）**（折页V4）

一个6层的普通房子，位于迪拜博物馆附近，有嘈杂的印度夜总会、咖啡厅和机场接送服务。许多亚洲客人会来这里住宿。有66间客房。Al Fahidi Street，Sikka 50A，Bur Dubai 0 43 53 68 88 www.suncityhoteldubai.com 地铁绿线 Al Ghubaiba站

**时代宫殿酒店（Time Palace Hotel）**（折页V4）

这是迪拜博物馆附近一座普通的房子，室内带有浴缸和冰箱。提供双人间（含早餐）和机场接送服务，费用是360迪拉姆。有55间客房。Juma Masjid Street/Sikka 50A，Bur Dubai 0 43 53 21 11 地铁绿线 Al Ghubaiba站

## 省钱有道

在迪拜的青年旅社（折页Y6）（有52间客房 39Al Nahda Road，Al Bustan Centre，Al Qusais1，Al Qusais 0 42 98 81 51 www.uaeyha.com）可以租用双人房和家庭房，带有浴室、冰箱和空调，新建的房间更为舒适（¥双人间250 迪拉姆）。在旧建筑里价格更便宜。青年旅社还带有一个游泳池。

金色沙滩的小公寓（折页V4）（有651间客房 Al Mankhool Road，Bur Dubai 0 43 73 53 40 www.goldensandsdubai.com 地铁绿线 Al Fahidi站）很便宜，在酒店门户网站和旅游运营商网站预订更便宜。

# 独特体验之旅

## 1 迪拜最美之旅

**起点：** ❶ 阿拉伯茶馆
**终点：** ⓭ Buddha Bar

**路程：**
60千米

**1天**
步行时间
4小时

**费　　用：** 每人750迪拉姆，包含门票、地铁、出租车、单轨车、小吃和晚餐费用。

**注意事项：** 预留出登哈利法塔的费用125迪拉姆，而非300迪拉姆。棕榈单轨车运行时间是10:00—22:00，大约15分钟一班。从迪拜码头返回酒店的地铁周六至次周三只运行到24:00，周四、周五运行到次日2:00。

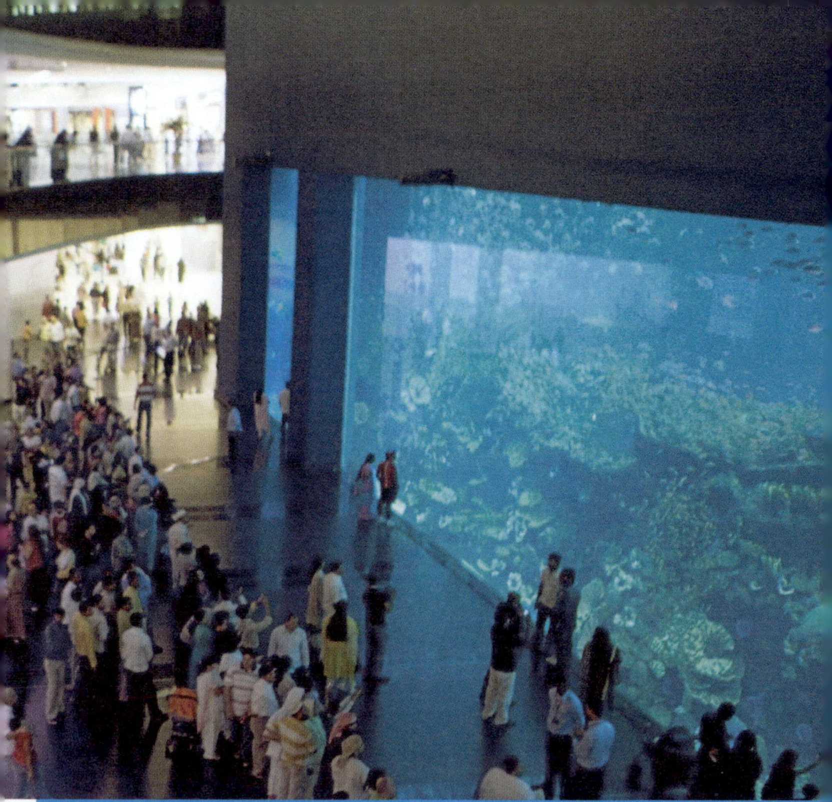

迪拜有很多面孔。如果你想发现每个街区的独特魅力，如果你想找到值得驻足观赏的景物、震撼人心的去处、美味的餐厅……这份订制的深度游攻略就再适合不过了。

在旅程中，你会惊讶于迪拜的多样性。你可以追溯迪拜发展的起点，可以在哈利法塔上俯瞰迪拜全景，还可以前往东方茶室或人造棕榈岛上精致的沙滩休息室，多样的选择方式是迪拜的特点。

09:00 新的一天从东方开始：在装饰精美的❶阿拉伯茶馆→P.52品尝一杯拿铁咖啡或薄荷茶。然后在沙滩上漫步，❷巴斯塔基亚→P.30的介绍展现了迪拜地区的历史根源。古香古色的酒店式购物宫殿和风塔建筑群相互辉映，柔软的彩色沙滩上林立着

上图：迪拜码头购物中心的水族馆

现代的画廊、精品店和餐馆，以及两家宾馆。迪拜壮丽的、历史悠久的法希迪堡距离巴斯塔基亚的法希迪大街仅仅几步之遥。在新建的地下通道里，会发现一座雄伟的❸迪拜博物馆→P.32。在那里，您将领略到沙漠中人类的古老生活，其中一个古老工匠巷和一个古兰经学校不容错过。

穿过露天街道，漫步到海湾，那里到处都是柴油和大海的味道。一些来自印度和巴基斯坦的外籍工人惬意地坐在岸边，他们认为这里是最舒服的位置。在一座旧时的办公楼上的餐厅❹Bayt Al Wakeel→P.54的露台上，品尝一份酸橙汁的同时，倾听水上机器的嗡嗡声。沿着海岸来到最近的地铁站❺迪拜地铁站（Al Ghubaiba），您会发现它不同于其他所有有着阿拉伯式设计的地铁站。首先乘坐地铁绿线，并在Burjuman站换乘红线，接下来简短的地铁旅程将带给您超现代的体验，同时，您可以欣赏扎耶德酋长路到迪拜购物中心和哈利法塔沿途的秀美风光。

13:00 来到❻迪拜购物中心→P.66的1楼，可以先前往其中一家咖啡馆，然后在室外露台上小憩，欣赏著名的哈利法塔广场。接下来，可以漫步在商场精致的大厅里，看看两层的迪拜水族馆→P.100，然后沿着时尚大道漫步。接下来的游览会稍显刺激紧张：乘电梯前往哈利法塔→P.39的124层。在❼玻璃观景台顶部将欣赏到令人难忘的景致。大约1小时后，返回地面。

15:00乘坐地铁前往Nakheel站，然后乘坐出租车抵达朱美拉棕榈岛→P.46的入口处。乘坐❽棕榈单轨进入人造棕榈岛。高架列车提供欣赏大海、游艇和别墅的绝佳角度，直到到达壮观的❾亚特兰蒂斯度假村→P.46。在那里，可以看到神秘幽静的“失落空间”，您将沉浸在海底水族馆的水下世界中。附近有豪华精品店，也有快餐店。在这里最多喝一杯，因为您可能还想乘坐出租车继续前往❿101餐厅/酒吧（◷每天 @thepalm.oneandonlyresorts.com ¥€€€），它属于奢华壮丽的One&Only棕榈岛豪华度假酒店→P.83。坐在海上私人码头的甲板上欣赏美景，享用西班牙Tapas，品一杯鸡尾酒。

这家餐厅的客人可以乘坐酒店的渡轮前往对面的兄弟酒店One&Only皇家幻影酒店，在那里可以乘坐出租车前往附近的⓫迪拜码头→P.44，欣赏闪亮的高楼群和摩天大楼，沿途有无数小灯照亮棕榈树。

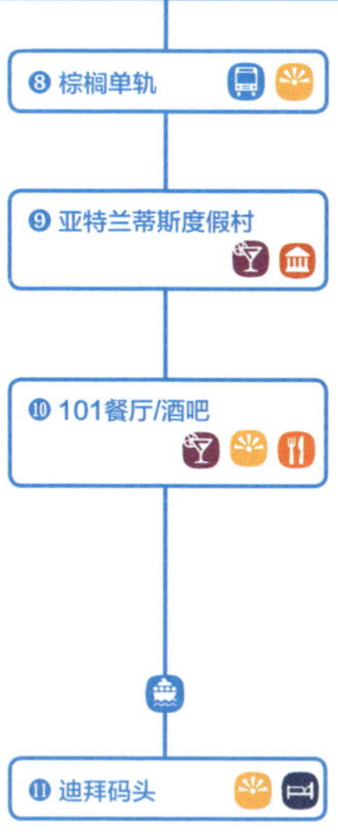

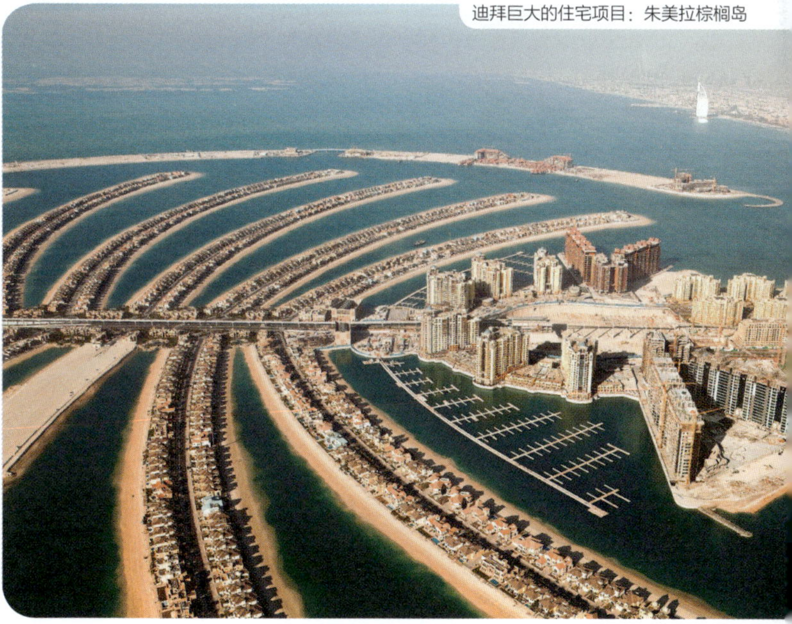

迪拜巨大的住宅项目：朱美拉棕榈岛

20:30 当天的高潮是迪拜码头长廊上⑫迪拜码头游艇俱乐部（Dubai Marina Yacht Club）的晚餐（@www.dubaimarinayachtclub.com ¥€€）：就餐地点位于水上的露台，仿佛是在游艇上。晚餐之后继续漫步前往酒吧⑬Buddha Bar→P.74，享受高档次的夜生活。

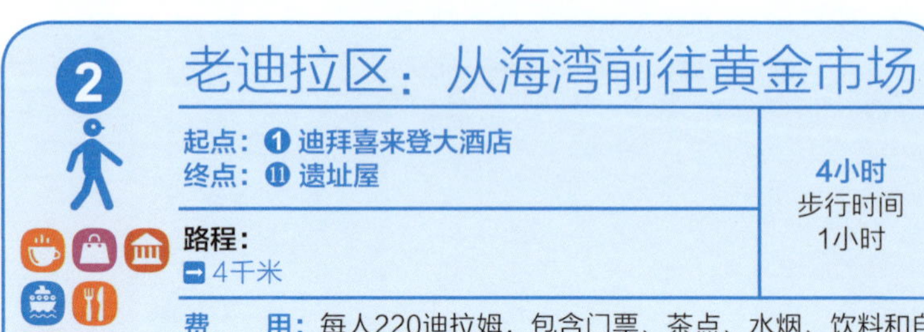


**探索迪拜的不同世界：经过巴尼亚斯路（Baniyas Road）上代表古老文明的木船和满是后现代摩天大楼的街道，然后经过热闹的集市大街前往黄金市场。若隐若现的气味和交易的交谈声提醒您，马上就要到街角的香料市场和香水市场了。尽管这个旅游街道的超速变化不容忽视，但是您仍然可以沉浸在小商贩和经营者的叫卖声中，独享自在。**

旅程从❶迪拜喜来登酒店出发。酒店建于1975年，是当地豪华酒店行业的领头羊，也是当地居民和外籍人士住宿的首选之地。酒店巨大的开放式大厅是人们品尝冷饮的最好的地方。接下来继续沿海湾漫步，经过码头，您会看到很多阿拉伯式木船，它们被打造成水上漂浮的餐厅。景色难得，为什么不给自己一次尝试游轮晚餐→P.76的机会呢?

在巴尼亚斯路的另一边，Etisalat国家电话公司因其玻璃的行政大楼而备受瞩目，同时也因其外观被设计成一个超大号的手机而受到关注。迪拜的市政大楼（Municipality Building）也是一个引人注目的后现代主义建筑，但其内部不允许参观。作为主干道的巴尼亚斯路全天24小时车流不息，海湾附近也非常热闹。四五排大型运货车并排停靠，卸货或装载，周围还停靠着一些家用汽车和货车，货物、箱子、汽车轮胎和家庭用品都被堆在一起。

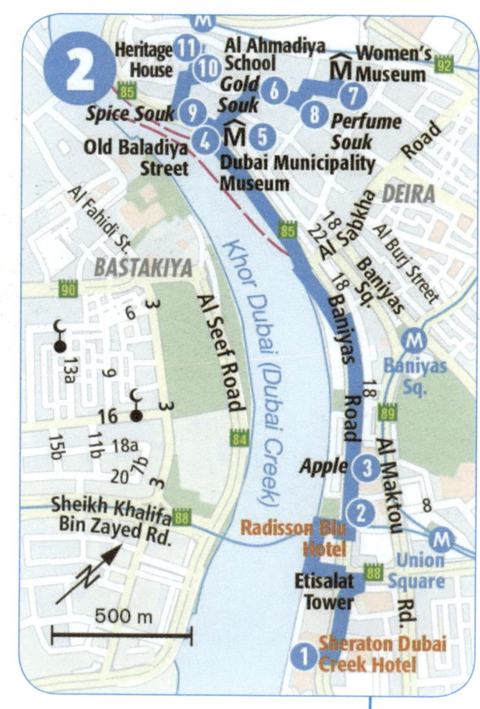


从❷丽笙酒店正门外穿过街道，紧邻酒店大厅的是一个通往咖啡馆、餐厅和商店的通道，走到尽头就可以离开酒店。之后，眼前高高矗立的是一座双子塔（Twin Towers），当地人称之为劳力士塔（Rolex Towers）。假如在那个小型的购物中心没有购物的欲望，可以前往3楼的餐厅❸Apple→P.53，找一个露台上的位置欣赏海湾的景色，享受远离城市喧嚣的宁静。餐厅提供无论是味道还是价格都非常棒的丰盛的自助午餐。如果想尝试一下水烟，这里会为您提供当地锦囊→各种口味的水烟。

沿着主干道步行几百米后，来到❹旧巴拉迪亚大街（Old Baladiya Street）。在这条街的广场上有很多家卖街头食品的小吃店和一个果汁店，伊朗人制作着最美味的芒果和木瓜汁。借此购买的机会，可以获得一个价值2迪拉姆的精致的小水瓶。人们出售的香料放在敞开的黄麻麻袋里。更令人感兴趣的是异国情调的香味，除此之外还有乳香的味道。想了解当地文化，可以参观❺迪拜市政博物馆（Dubai Municipality Museum）（Baniyas Road 周六至次周四 9:00—17:00 免费入场 地铁绿线 Al Ras站），这里以前是议会所在地，馆内展有记录迪拜崛起的照片。

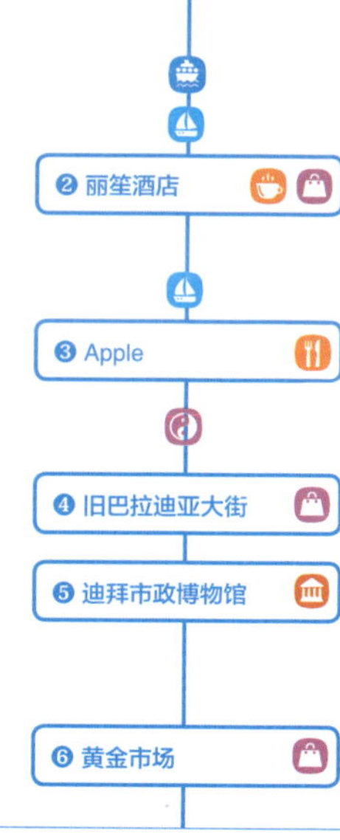


漫步在老市政厅大街上，进入右边的Sikkat Al Khail大街，抵达❻黄金市场→P.68的大门。即使在白天，一排排商店前是熙熙攘攘的人群，到了晚

正如在迪拜曾经看过的那样，遗产屋内的体验令人印象深刻

⑦ 女性博物馆

⑧ 香水市场

⑨ 香料市场

上，街道更是被人群占满。如果愿意多花一点钱，供差遣的印度小伙将为您买茶和可乐。在Sikbat Al Khail大街的尽头向左转，通往⑦女性博物馆→P.38，这里是阿拉伯半岛唯一一个专门以女性为主题的博物馆。在这里可以发现很多阿拉伯女性不为人知的强大的一面。

返回Sikkat Al Khail大街，前往⑧香水市场→P.70，在这里可以闻到数百种不同的香精油、蜡烛和香烛的香味，这是一个欣赏迪拜独特魅力的好机会。购买包装在老式容器中的Khol睫毛膏只需要几迪拉姆，还有甲花酱和塑料模具，以及在皮肤上涂抹的颜料。

回到海湾方向，穿过⑨香料市场，又一次闻到诱人的香味，这一次是调料的香味，来自印度人和巴基斯坦人出售的豆蔻、肉桂、坚果、藏红花、指甲花粉，以及篮子和陶器。

老市政厅大街的对面是Al Ras路，沿着路向北直行是Al Ahmadiya大街，在这里会看到这个城市最古老的学校，⑩艾玛迪亚学校→P.34，其隔壁是一个旅游景点⑪遗址屋→P.36，两座房子是必须要参观的地方，这是迪拜的历史遗产，修复后的遗址让人感觉很真实。

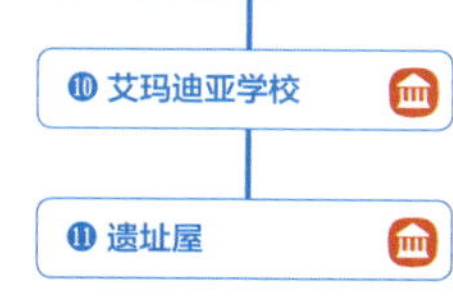

## 布尔迪拜：从Al Ghubaiba站前往巴斯塔基亚

**起点：** ❶ Al Ghubaiba
**终点：** ⑪ XVA 画廊

**路程：**
➡ 2千米

**4小时**
步行时间
30分钟

**费　　用：** 每人100迪拉姆，包含包括门票、茶点、咖啡及午餐费用。
**携带物品：** 小瓶水。

**注意事项：** 最好乘坐地铁绿线到Al Ghubaib站前往出发地。

**从地铁站Al Ghubaiba漫步到老城巴斯塔基亚古老的风塔楼，这里风景格外别致。**

出发地是地铁站❶Al Ghubaiba，它让人联想到古老的迪拜风塔的造型。从那里开始往海湾方向漫步约300米距离，抵达❷施达加瞭望塔（Al Shindagha Watchtower），一个真正引人注目和让人印象深刻的地方。虽然不能进入内部参观，但是这里是一个很好的自拍的地方。从这里可以看到❸Al Ghubaiba Marine站，这里下午会有很多活动持续到午夜。游船停靠在岸边，海面上遍是现代的迪拜渡轮。

向右转，沿着海岸线漫步至❹Blue Barjeel 咖啡/餐厅（Al Cubaiba Road 10:00至次日1:00 0 43 53 22 00），在那里将获得有东方特色的服务，餐品看起来很诱人，味道更好。

继续沿着海湾前行，周围变得越来越热闹。阿拉伯人、亚洲人以及欧洲人密集地在❺Bur Dubai

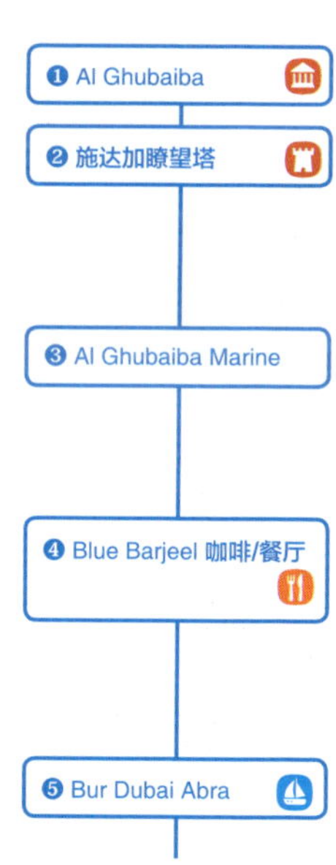

⑥ Bayt Al Wakeel

⑦ 布尔迪拜市场

⑧ 大清真寺

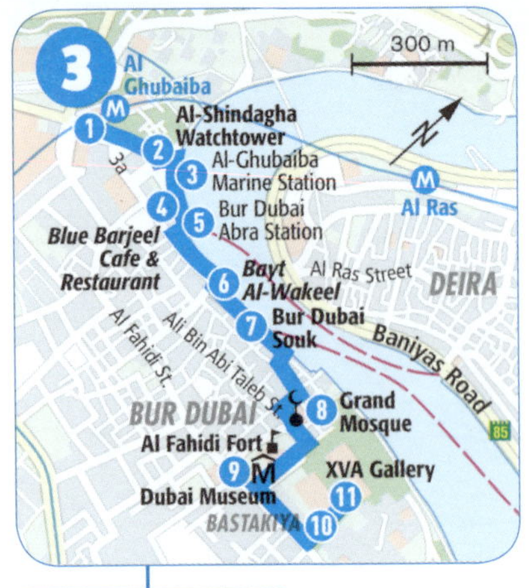

Abra站排队，那里总是有很多投资者购买的船停靠。正对着海湾的是通往历史悠久的餐厅⑥Bayt Al Wakeel→P.31的路。其当地锦囊木质露台是大家都想去的地方，在那里可以品尝一杯奶茶，了解一点点迪拜的历史。

紧接着，继续前行抵达⑦布尔迪拜市场→P.31。这里许多裁缝店会当地锦囊根据模版裁剪、量身制作衣服，但是也有售价是5迪拉姆的、带有“我爱迪拜”字样的T恤衫和价格便宜的羊毛围巾。

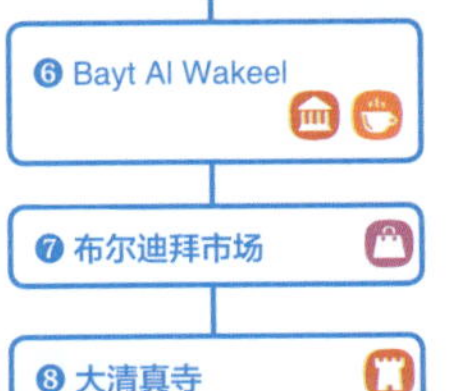

Old Souk Abra站将您带到⑧大清真寺（Grand Mosque）【Ali Bin Abi Taleb Street，靠近迪拜统治者法庭（Ruler's Court）】，其有十分显眼的圆顶，可以环绕一周欣赏，但是不允许非穆斯林进入。

大清真寺一侧，向远离小溪的方向直行可以抵

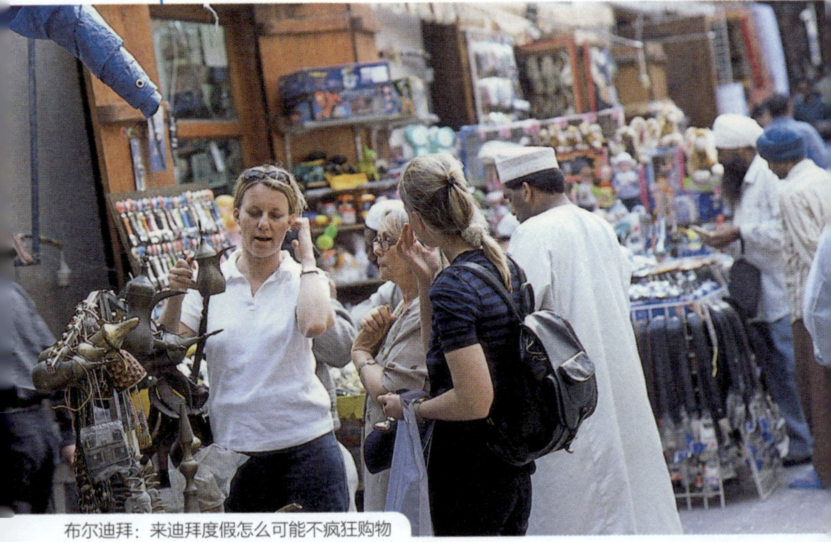

布尔迪拜：来迪拜度假怎么可能不疯狂购物

达壮丽的法希迪堡，它是这座城市最古老的建筑物之一，如今这里是❾迪拜博物馆→P.32，是阿联酋最大、最重要的博物馆。来到地下室，昏暗的灯光和仿造的老露天市场，让人仿佛回到过去。参观结束之后，在法希迪大街前往❿巴斯塔基亚→P.30。这个老城区位于Al Fahidi Roundabout 和海湾之间，是由一些用珊瑚石和黏土装饰的风塔屋组成的。今天这里被改建为画廊、咖啡馆和酒店开放，⓫XVA画廊→P.65的艺术画作会让您停下脚步。您可以坐在典型的阿拉伯环境中，享受一流的素食。

## 4 休闲散步：朱美拉海滩度假区步道和迪拜码头

**起点：** ❶ Double Tree Hotel
**终点：** ❻ 希尔顿酒店

**路程：**
7千米

**3小时**
步行时间
1小时45分钟

**费　　用：** 水上巴士每人3迪拉姆，卡丁车和自行车每人每小时20迪拉姆。
**携带物品：** 游泳用品。
**注意事项：** 卡丁车和自行车出租：@www.bykystations.com
前往迪拜码头乘坐地铁红线到Damac站或Jumeirah Lake Towers站（@www.thewalkdubai.com）。

**在迪拜码头进行一次轻松的散步也是此行的一部分：穿过Jumeirah Lake Towers地铁站的大桥，抵达扎耶德酋长路的西侧。在那里，可以通过Al Gharbi街抵达朱美拉海滩度假区步道，这是一个仅供行人使用的无车区，迪拜的购物和观光热门地点是慢跑者和鉴赏家的聚会场所。**

从步行街西边的酒店❶Double Tree Hotel开始，步行经过喜来登酒店，在安瓦吉罗塔纳酒店（Amwaj Rotana Hotel）前左转即可到达❷公共海滩（Open Beach）。如果愿意，可以把脚放入水中放松，或者在大海中畅游一番，同时也可以欣赏对面的朱美拉棕榈岛→P.46，也可以享受富丽堂皇的酒店和亚特兰蒂斯度假村内部的美景。想来一杯卡

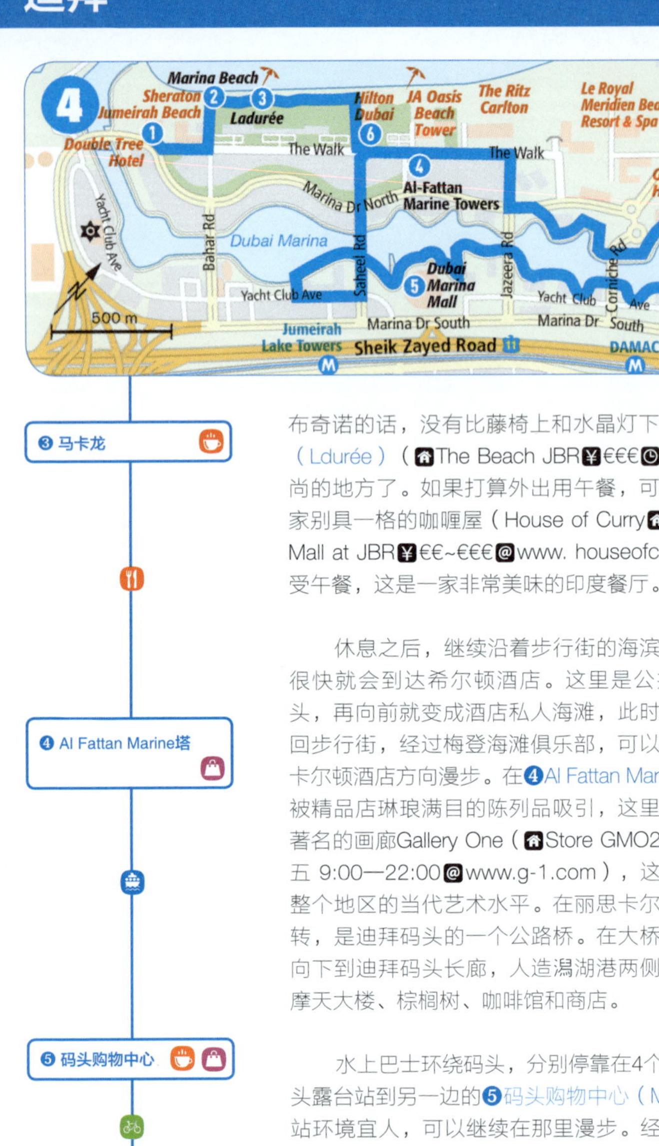


布奇诺的话，没有比藤椅上和水晶灯下的❸马卡龙（Ldurée）（The Beach JBR ¥€€€ 每天）更时尚的地方了。如果打算外出用午餐，可以考虑在这家别具一格的咖喱屋（House of Curry The Beach Mall at JBR ¥€€~€€€ @www. houseofcurry.me）享受午餐，这是一家非常美味的印度餐厅。

休息之后，继续沿着步行街的海滨长廊漫步，很快就会到达希尔顿酒店。这里是公共海滩的尽头，再向前就变成酒店私人海滩，此时向右转，返回步行街，经过梅登海滩俱乐部，可以继续向丽思卡尔顿酒店方向漫步。在❹Al Fattan Marine塔，您会被精品店琳琅满目的陈列品吸引，这里有一个非常著名的画廊Gallery One（Store GMO2 周一到周五 9:00—22:00 @www.g-1.com），这里体现的是整个地区的当代艺术水平。在丽思卡尔顿酒店前右转，是迪拜码头的一个公路桥。在大桥前可以步行向下到迪拜码头长廊，人造潟湖港两侧延伸排列着摩天大楼、棕榈树、咖啡馆和商店。

水上巴士环绕码头，分别停靠在4个码头，从码头露台站到另一边的❺码头购物中心（Marina Mall）站环境宜人，可以继续在那里漫步。经过设计师酒店The Adress 来到码头商场，这是一个小而别致的购物中心，很受外籍人士欢迎，人们在咖啡馆Le Pain Quotidien（每天 ¥€€ @www. lepainquotidi-en.ae）碰面，品尝奶油巧克力松饼和咖啡，同时还可以坐在露台上俯瞰美景。在迪拜码头购物中心广场前，可以租自行车和踏板卡丁车，骑行到无车长廊。穿过设计豪华的迪拜码头游艇俱乐部，抵达横穿迪拜码头的Al Gharbi 大街，然后返回朱美拉海滩度假区步道，在❻希尔顿酒店附近结束步行。

❻ 希尔顿酒店

小贴士：每年10月至次年4月，在喜来登酒店和希尔顿酒店之间的空地上会举办码头集市，摊位主要出售艺术家和设计师的作品以及纪念品。

迪拜码头的海水延伸到巨大的摩天大楼脚下

# 带着孩子旅行

**在人造雪景中看企鹅蹒跚，或在阿联酋购物中心带着潜水面具在海底漫游于鲨鱼之间——这里是孩子和青少年的完美奇幻世界。除了所有人造的令人感到惊奇的景色，这里的自然条件也很吸引人：冬季游泳、在沙漠中旅行，或者骑骆驼。**

### Aquaventure（折页 L2）

这是世界上最美丽和最大的水上公园之一，是一个奇幻的世界，靠近亚特兰蒂斯度假村。乐园就像是独具美感的艺术品，提供水世界娱乐的快感，有30米高的“美索不达米亚金字塔”，还可以通过玻璃管道观赏鲨鱼池。带着氧气面罩的孩子们在鲨鱼野生动物园海底的鲨鱼之间漫步。还可以喂食鳐鱼。🏠Crescent Road，Jumeirah Road，Atlantis Resort，The Palm Jumeirah 🕒10:00—18:00 ¥门票260迪拉姆，儿童（身高到1.2米）215迪拉姆 @ www.atlantisthepalm.com 🚇地铁红线 Nakheel站

### 儿童城（Children's City）（折页 V6）

全家出行来到巨大的河畔公园，孩子们可以在这里享受成人世界的玩具。这里有各种不同主题的互动游戏站，如正等待着您的关于人类躯干和自然界的巧妙现象的游戏（适合2岁以上儿童）。🏠Creekside Park/Cate 7 🕒周日至次周四 9:00—20:00，周五15:00—21:00 ¥15迪拉姆，儿童10迪拉姆，另收公园门票5迪拉姆 @ www.childrencity.ae 🚇地铁绿线 Healthcare City站

### 迪拜水族馆与水下动物园（Dubai Aquarium&Underwater Zoo）●★（折页 S5）

观光长廊宽33米，高8米，拥有超过3万只海洋生物，其中400多只是鲨鱼和鳐鱼。游客步行穿过一个玻璃隧道，被发光的海蜇、海葵和珍稀鱼类包围。在2楼的水底动物园有一个展览馆和一个小水族馆，有水獭和海豹。🏠Dubai Mall，Sheikh Zayed Road 🕒周日至次周三10:00—22:00，周四至周六10:00—24:00 ¥免门票，玻璃隧道和动物园100迪拉姆 @ www.thedubaiaquarium.com 🚇地铁红线 Dubai 95站

海滩、水上公园和吸引人的海底世界：迪拜也为孩子们提供许多有趣的活动。

当地锦囊 **迪拜滑冰场（Dubai Ice Rink）**（折页 S5）

迪拜购物中心1层有一个巨大的滑冰场。其室内气温保持在20摄氏度，请穿毛衣和外套。🕒10:00、12:00、14:00、16:00、18:00 🏠迪拜购物中心，Sheikh Zayed Road/Ist Interchange，Financial Centre Road @ www.dubaiicerink.com ¥ 2小时60迪拉姆 🚇地铁红线 Dubai Mall站

**儿童教育体验中心（Kidzania）**（折页 S5）

成人的世界孩子也可以模仿：驾驶汽车、作为飞行员启动飞机、扮演医生或售货员……这是一件非常令人兴奋的事情，在这里孩子们的梦想被很认真地对待。🏠迪拜购物中心 🕒10:00—22:00 ¥ 95迪拉姆，小于16岁的儿童40迪拉姆 @ www.kidzania.ae 🚇地铁红线 Dubai Mall站

**迪拜乐高主题乐园（Legoland Dubai）**

长期以来，乐高在迪拜是一种文化：6 000万个彩色玩具块、不同主题的区域，为大小兴趣爱好者提供乐趣。这个动感十足的休闲娱乐公园于2016年年底开始营业。由于公园是针对2~12岁的儿童建造的，因此旋转木马和游乐设施很温和。🏠Sheikh Zayed Road/Jebel AH ¥ 门票295迪拉姆，儿童 250迪拉姆 🕒10:00—18:00 @ www.legoland.com/dubai

**和儿童一起购物**

在迪拜购物中心，随处都可以发现儿童喜爱的品牌。大部分购物中心都有保龄球场、碰碰车和游乐园。更为奢华的有阿联酋购物中心的魔幻星球（Magic Planet）和迪拜购物中心的攀岩墙。引人入胜的还有迪拜购物中心大厅，孩子们可以在这里欣赏到一个有1.5亿年历史的25米长、7米高的梁龙骨骼化石。

# 每月节庆与活动

**节日和假期主要根据伊斯兰历确定，每周五、周六为休息日，不工作。**

## 宗教节日

### 古尔邦节（Eid Al Adha）

又称为宰牲节，在伊斯兰历12月的第10天举行，节日活动持续3天。节日期间人们宰羊祭祀，并邀请亲属品尝，以示纪念。🕒（2018—2019年）2018年8月22日—2018年8月24日，2019年8月12日—2019年8月14日

### 斋月（Ramadan）

穆斯林的斋月是斋戒和祈祷的时刻。从日出到日落禁止吃喝、抽烟或玩乐。🕒（2018—2019年）2018年5月16日—2018年6月14日，2019年5月6日—2019年6月4日

### 迪拜开斋节（Eid Al Fitr）

开斋节为期3天，包括宴会和交换礼物，期间人们会穿上节日的服装，城市里还会有烟火燃放、集市和民间舞蹈表演🕒（2018—2019年）2018年6月15日—2018年6月17日，2019年6月5日—2019年6月7日。

## 活动

### 1月/2月

欧洲职业高尔夫巡回赛的迪拜沙漠高尔夫精英赛于每年1月底2月初举行，许多高尔夫专业选手前往参赛。@www. dubai-desertclassic.com

★●迪拜购物节：一个为期30天的购物节，带给人们别样的体验。商店（约30 000家）提供20%~70%的折扣。童话般的灯光、烟花和无数（免费）活动，吸引人数可达300万人，访客来自世界各地。同时举行多个大型体育赛事，酒店需要提前几个月预订。@www.mydsf.ae

### 2月

迪拜网球锦标赛（🕒每年2月底开始 @www.dubaidutyfree-tennischampi onships.com）吸引着来自世界各地的网球迷。

迪拜爵士音乐节也将在此时举

行。🕒2月底开始，为期3天@www.dubai-jazzfest.com

### 3月

在迪拜国际游艇展（Dubai International Boat Show）上，人们会不停地惊叹。🕒3月初开始，为期5天@www.boatshowdubai.com

迪拜世界杯（Dubai World Cup）是世界上奖金最高的赛马比赛。🕒3月月底一周@www.dubaiworl-dcup.com

迪拜艺术博览会（Art Dubai）：朱美拉古堡酒店的约90个画廊吸引了来自当地、非洲和南亚的令人兴奋的和引人入胜的画作参展。🕒3月下半月，为期4天@wwww.artdubai.ae

### 10月至次年4月

冬季的周末举行赛马和赛骆驼比赛。赛骆驼比赛周四至周六14:30开始，也可以观看7:30开始的训练。周四和周五晚上可以观看赛马比赛。

每年11月至次年3月期间，内蒙古杂技演员和怀旧的京都艺妓马会在地球村（Global Village）上演一系列精彩表演（🏠Sheikh Zayed Road, Dubailand@www. globalvillage.ae），吸引着来自70多个国家的参展商，在极具想象力的大帐篷内销售本国特色商品。此外还有传统表演、现场音乐和大量的美食摊位。

### 12月

国庆日：阿拉伯联合酋长国成立日当天将会举办许多丰富多彩的节日庆祝活动，如民俗活动、赛艇比赛。

## 节庆日

2018年9月11日，2019年8月31日
新年
2018年11月20日，2019年11月10日
圣纪节（先知的生日）
8月6日
入会日（扎耶德酋长的任命日）
2018年4月13日，2019年4月2日
先知穆罕默德升天日
12月1日
国庆节（1971年阿拉伯联合酋长国成立）
12月25日
圣诞节

# 旅行随时查

网页/博客

**www.myconcierge.com** 一份访客流量高的网上杂志，附带推荐旅馆和介绍购物技巧。

**www.dubaicityguide.com** 推荐酒店、餐厅、酒吧、购物地点等。

**www.dubaiculture.gov.ae** 关于从新博物馆到海湾电影节的迪拜文化景观的综合信息。

**www.dubaiasitusedtobe.com** 有许多历史悠久的、令人惊讶的、有趣的老照片，包括穆罕默德酋长与其表妹在扎比尔公园马克图姆宫前的婚礼。

**www.hallodubai.com/blog** 从迪拜的日常生活和阿联酋的旅行到各种稀奇古怪的和个性化的旅行攻略。

**short.travel/dubl** 移民者议论有趣的事情的地方，甚至包括阿联酋可能举办的奥运会。

无论是准备出行还是已到达，这些网址和信息都能够为您的旅行提供帮助。

www.dubaiexpatblog.com 由外籍人士报道的关于休闲活动、游览的新闻。

www.facebook.com/dubaionline 令人惊讶的消息和意想不到的消息。

视频/音乐

www.dubai-videos.com 迪拜关于建筑物、酒店、街道的街头生活的短片。

short.travel/dub3 一架直升机从亚特兰蒂斯度假村开始，经过朱美拉棕榈岛和Burj Al Arab到尚未开发的岛屿的观光视频。

www.visitdubai.com 旅游部门在视频中展示迪拜的风采，此外还有休闲娱乐和购物的地址。

Apps

Around Me Tweakersoft 引导您到达当前指定的位置：咖啡馆、餐厅、电影院、剧院、酒店等，包括地图和距离信息。

Visit Dubai 迪拜的城市地图。

# 实用信息

## 到达

从北京和上海到迪拜很方便，每天有2~3个航班班次从首都国际机场或浦东国际机场直达迪拜，一班是中国航空/东方航空的航班，两班是阿联酋航空的航班，飞抵迪拜国际机场，飞行时长9~10小时。

另外有首都国际机场或浦东国际机场发往迪拜的中转航班，时长较长，为14~18小时。经济舱票价4 000~5 000元，提前订购可享受较大优惠。

## 问询

**迪拜旅游和商业营销部**

P. O. Box 594，Al Fattan Plaza（Airport Road），Al Carhoud，Dubai，UAE 0 42 82 11 11

“欢迎”信息亭（24小时），位于迪拉的购物中心内，如：Burjuman、Hamanrain、Waf、Mercato。10:00—22:00

**信息手册**

*Time Out Dubai*，周刊。¥9 迪拉姆 @www.timeoutdubai.com

*Concierge Dubai*（《迪拜入门》），月刊。¥免费 @www.my-concierge.com

*Discover Dubai*（《发现迪拜》），月刊。可获得餐厅、旅行社和其他公司的代金券。¥免费 @www.discover-dubai.ac

*Event Guide*（《活动指南》），月刊。¥免费 @www.dubaicalendcir.ae

*What's On Dubai*（《迪拜怎么了》），月刊。¥10 迪拉姆 @www.whatson. ae/dubai

## 绿色出行

旅行时，您也可以改变世界，比如时刻提醒自己在旅程中尽量选择较少二氧化碳排放的交通方式，学习如何以环保的方式规划您的路线。同时也要注意，尽量保护旅行国家的自然和文化。作为游客，保护自然环境、保护区域特色、减少自驾、节约用水等保护生态环境的举措是非常重要的，请务必多加关注。

## 租车

在迪拜，堵车是经常遇到的交通问题，寻找停车位也是一个很大的问题。由于出租车很便宜，在城市内租车是不必要的。租车价格很便宜，从出门开始计算费用。汽油很便宜，宽阔的高速公路标注得很清楚，最高时速是120千米，在城镇时是50或60千米。环形交通有优先通行权。发生交通事故必须等待警察。

# 从开始到结束：旅行中不可或缺的信息。

## 货币

自动提款机（ATM）位于迪拜各个角落。信用卡被广泛使用。

## 公共交通

### 公交车

迪拜拥有众多的公交车路线，主要乘客是亚洲游客。¥乘坐费用2~5迪拉姆。@www.rta.ae

### 长途汽车

供应商阿联酋快车提供每小时由迪拜（停靠站主要是迪拉和布尔迪拜）前往阿布扎比和哈达，以及前往马斯喀特（阿曼）和富查伊拉的长途汽车，前往艾因（Al Ain）每天有6班车，车费是20~25迪拉姆。

## 外事机构

中华人民共和国驻迪拜总领事馆（阿联酋）

Villa No.14, Street 7a, Community 357, Umm Al Sheif Road, Safa 2 Area, Dubai 3 94 47 33 @dubai.chineseconsulate.org/chn, dubai.china-consulate.org/chn

## 入境

阿联酋与中国互免普通护照签证。抵达迪拜机场（或阿布扎比）后，会得到一个免费签证（有效期30天）。护照有效期必须为6个月以上。各酋长国之间没有边境检查。

## 拍照

只有在被允许的情况下才可以拍别人，所以拍照前请询问。穆斯林女孩和妇女因为宗教原因不允许被拍照。军事设施、警察局、港口设施和机场也是摄影师的禁地。关于统治者的宫殿是否允许拍照，请提前询问守门人。

## 女性独自在旅途中

在迪拜是没有问题的——前提条件是您必须遵守通常的行为准则。与穆斯林男子打交道时，应该避免调情，包括看男人的眼睛。在海滩酒店和俱乐部等地，女性不应该穿得太暴露。

## 医疗

接种疫苗不是强制性的，而是针对破伤风、小儿麻痹症以及甲型肝炎的预防。患疟疾的风险只存在于偏僻河谷的偏僻水域。即使在简单的餐厅，卫生也是无可挑剔的，然而为了保险起见，应该准备一些针对肠道问题的药物。迪拜的医疗服务非常好。医生通常是外国人，会讲英语。国立医院和门诊部的紧急救护是免费的。

## 服装

即使在冬天这里也很温暖，夏天的衣服足够用。在空调温度调至极低的酒店、餐厅和商场，需要一件毛衣或外套。这里的服装传统禁止女性穿着紧身、短小和透明的衣服。一条薄围巾可以遮住头部、肩膀和手臂，因此最好在箱子里准备一条。

## 气候/旅行时间

夏季海滨地区炎热潮湿（40摄氏度），内陆干燥。建议冬季（10月至次年4月）旅行，这时气候温和、阳光充足，日间最高温度为25~30摄氏度，夜间为17~20摄氏度。

## 它们值多少钱

| | |
|---|---|
| 咖啡 | 15~23元人民币<br>一杯，美食广场或咖啡馆 |
| 啤酒 | 17~47元人民币<br>一罐 |
| 小点心 | 12~20元人民币<br>一个Shawarma<br>（带肉的面饼） |
| 地铁 | 40元人民币<br>一张一日票 |
| 纪念品 | 55元人民币起<br>一条羊绒围巾 |
| 黄金 | 约155元人民币<br>1克，22克拉 |

## 地铁

●迪拜的轻轨系统列车作为高架列车，行驶在4米高的高架桥上和城市内的隧道。目前，不是地铁绿线和红线的所有站点都在运行。车票支付基础费用2迪拉姆，最高达6迪拉姆，费用取决于单次行程所跨的区域。乘客可以购买一张可充值的芯片卡（@www.nol.ae）。日票的费用是20迪拉姆。周五地铁14:00开始运行，周六至次周三地铁24小时运行，周四和周五运行至凌晨2:00。高架铁道的单轨铁路从位于Al Sufouh路4.5千米的Gateway站出发，经过朱美拉棕榈岛前往亚特兰蒂斯，15分钟路程，每天运行时间是10:00—22:00，价格为15迪拉姆（往返25迪拉姆）。单区周卡是50迪拉姆，2个区80迪拉姆，全区110迪拉姆，同时还可以乘坐公交车、水上巴士和迪拜电车。

## 紧急呼救

警察局 999，80 04 438（英语）；门诊急救医生 998，999；火警 997

## 营业时间

银行：周日至次周四8:00—13:00；公共机关：周日至次周四7:30—14:30；购物中心：周六至次周四10:00—22:00，周五14:00—22:00；商店：周六至次周四9:00—13:00，16:00—20:00。

## 邮局

城区的所有地方都有邮局，寄往欧洲的明信片每张3迪拉姆，一周后到达。

## 货币

阿联酋的货币是迪拉姆（缩写为Dh或AED）。迪拜不是一个便宜的旅游地，酒店的费用特别高昂。

## 安全

迪拜非常安全，诈骗和骚扰很罕见。迪拜旅游和商业营销部为游客提供免费的投诉。☎8 00 70 90

## 城市环游

每小时会有一辆半开放的双层巴士从Wafi中心和迪拉中心前往布尔迪拜和迪拉的主要景点，很多站点可以上下车，共3条路线，包括：海湾上的单桅帆船、导游指引的布尔迪拜的散步，以及免费进入迪拜博物馆和酋长故居（Sheikh Saeed Al Maktoum House，目前正在翻建中）。另外的一个项目是2小时的夜游。⏰15:00—20:00，10月至次年4月 9:00—17:00，每30分钟一班¥240迪拉姆，15岁以下儿童100迪阿姆，家庭团票580迪拉姆@www. bigbustours.com

水陆两栖观光巴士Wonderbus（时长1小时¥170迪拉姆，12岁以下儿童120迪拉姆，家庭团票500迪拉姆@www.wonderbusdubai. net）是一种水陆两用汽车，每天运行时间为11:00—16:00，从Mankhool区的Burjuman综合大型购物中心出发。建议游览整座城市之后前往海湾，来一次海上游船之旅。

## 货币汇率

1迪拉姆=1.7281人民币
1人民币=0.5787迪拉姆
1迪拉姆=0.2284欧元
1欧元=4.3775迪拉姆

## 沙滩/水上运动

●朱美拉海滩对面，迪拜码头的朱美拉海滩度假区步道上几乎全是外国人。白色的沙滩、撑开的太阳伞和躺椅、淋浴和更衣室，均以朱美拉海滩度假区的摩天大楼为背景，这是绝佳的地理位置。海滩上，位于沙迦边界的郊外，是绿色的Al Mamzar海滩公园（Al Mamzar Beach Park⏰8:00—22:30；周二家庭日，不接待独自前往的男性¥5~30迪拉姆，游泳池10迪拉姆），这里有异国风情的树木、花卉和草坪。公园还有5个沙滩，还有3个游泳池、自行车出租处、更衣室、淋浴间和餐厅。风筝海滩（🏠Umm Suqeim）是风筝冲浪的理想场所：广阔的沙滩配上日光躺椅和遮阳伞，您还可以在沙滩上欣赏迪拜帆船酒店的超级美景，体验各种体育运动（香蕉船、皮划艇、蹦床和排球）。这里还有很棒的餐厅和酒吧。

## 电源

迪拜电压220~240伏，电流50赫兹。需要一个适合英式接口的适配器。

## 出租车

出租车带有黄色车牌，基础费用是5迪拉姆（基础费用：每周五、周六和平日22:00起为6迪拉姆，港口出发20迪拉姆，机场出发25迪拉姆，如果从酒店预约则是8迪拉姆），每千米价格1.8迪拉姆。前往沙迦需要加价20迪拉姆。最低乘车费用为12迪拉姆。如果计价器没有打开，则不允许计算行程。迪拜有女性出租车，为了易于辨认，出租车装扮粉红色的车顶和粉红色的内饰（当然还有一个女性司机）。购物中心附近经常有等候出租车的长队。

## 电车

当地锦囊 迪拜电车是一种超现代化电车，运行距离约11千米，从朱美拉海滩度假区到迪拜码头周边，有兴趣者可继续沿着Sufouh路前往朱美拉棕榈岛。

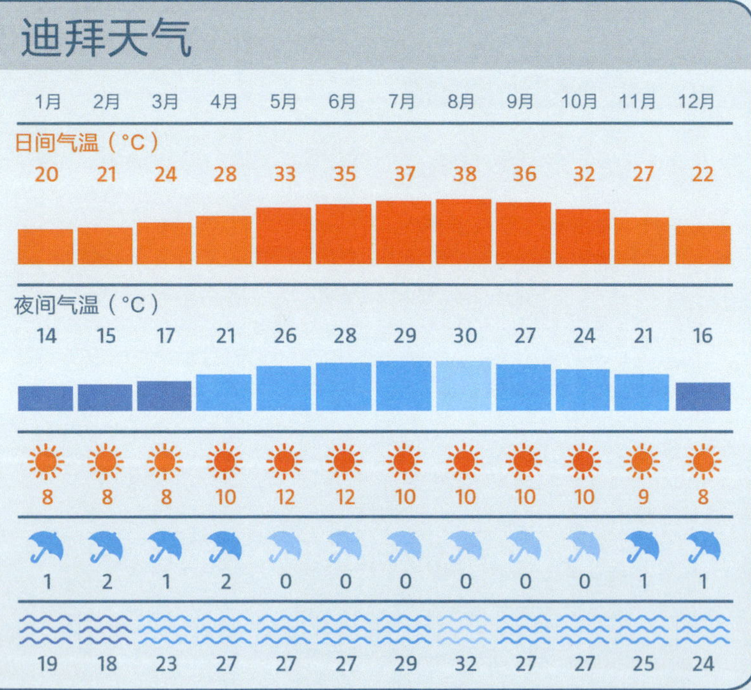



每天日照时长 每月降雨天数 水温（℃）

## 电话/手机

从中国拨打迪拜座机：（00）971+区号+座机号。从中国拨打迪拜手机：（00）971+手机号。使用电话卡在电话亭可以拨打世界各地的电话。从这里拨打其他阿联酋酋长国电话或打回迪拜必须在拨号前加0。手机在迪拜通常被称为GSM。网络运营商是电话公司Etisalat（0 41 01 www.etisalat.co.ae）。欧洲手机在迪拜也可以使用。由于漫游费高昂，可以购买Etisalat的预付卡来降低通话成本。

## 小费

在餐厅吃饭，如果对服务满意，请给10%的小费，服务费没有包括在账单里。乘坐出租车不需要给小费，但车费需要凑整数。机场上搬运行李的行李车价格是20迪拉姆，酒店每件行李5迪拉姆，打扫卫生每晚5迪拉姆。

## 水上巴士

10艘空调船（每条船承载量为35人）行驶在西部海湾的迪拉（Sabkha，Beniyas路）和布尔迪拜（Shindagha，Al Seef路）之间的5条航线上。每天6:00—23:00 每条航线14迪拉姆；（最长）路线是从Shindagha 前往滨海公园，25迪拉姆

## 时间

从时区来看，迪拜位于东四区，北京位于东八区，北京与迪拜的时差为4个小时，计算时间时北京时间减4小时即为迪拜时间。

## 海关

每位入境者可以携带400根香烟和2升酒到迪拜。www.zoll.de

# 教你当地话

## 常用表达

| | |
|---|---|
| 是/否/也许 | yes/no/maybe |
| 请/谢谢 | please/thank you |
| 抱歉! | Sorry! |
| 对不起! | Excuse me! |
| 请再说一遍? | Pardon? |
| 我想……/您是否有……? | I would like to... / Have you got...? |
| ……多少钱? | How much is...? |
| 好/坏 | good /bad |
| 坏了/不好使了 | broken/doesn’t work |
| 账单/收据 | invoice/receipt |
| 全部/没有 | everything/nothing |
| 救命! /注意! //小心! | Help!/Attention!/Caution! |
| 救护车 | ambulance |
| 警察/消防队 | police/fire brigade |
| 禁止 | ban/forbidden |
| 危险/危险的 | danger/dangerous |
| 我可以给您照相吗? /这里可以照相吗? | May I take a picture of you?/May I take pictures here? |
| 早上好! /下午好! /晚上好! /夜晚好! /你好! /再见! | Good morning!/afternoon!/evening!/night! Hello!/Goodbye! |
| 我叫…… | My name is... |
| 您叫什么名字? | What’s your name? |
| 我来自于…… | I’m from ... |
| 今天/明天/昨天 | today/tomorrow/yesterday |
| 小时/分钟 | hour/minute |
| 白天/黑夜/星期 | day/night/week |
| 月/年 | month/year |
| 我预订了一个房间。 | I have booked a room. |
| 向前/去海边 | forward/to the sea |
| 钥匙/房卡 | key/room card |
| 箱子/行李/包 | luggage/suitcase/bag |
| 几点了? | What time is it? |
| 3点。 | It’s three o’clock. |

您会说阿拉伯语、英语吗?
这里有重要的常用词汇和表达方式。

# 阿拉伯语

| | |
|---|---|
| 是/否 | نعم/ لا، كلا |
| 请/谢谢 | من فضلك /شكرا |
| 抱歉! | عفوا |
| 你好!/晚上好! | صباح الخير /مساء الخير |
| 再见! | مع السلامه |
| 我叫…… | اسمي |
| 我来自…… | انا من |
| ……中国 | الصـين |
| 我不明白 | انا لا افهمك |
| 多少钱? | كم يكلّف ذلك |
| 请问，……在哪里? | عفوا اين |

| | | | |
|---|---|---|---|
| 1 | ١ واحد | 7 | ٧ سبعة |
| 2 | ٢ اثنان | 8 | ٨ ثمانية |
| 3 | ٣ ثلاثة | 9 | ٩ تسعة |
| 4 | ٤ أربعة | 10 | ١٠ عشرة |
| 5 | ٥ خمسة | 20 | ٢٠ عشرون |
| 6 | ٦ ستّة | 100 | ١٠٠ مئة |

# 迪拜

## 交通

| | |
|---|---|
| 开/关 | open/close |
| 出发/起飞/抵达 | departure/departure/arrival |
| 厕所/女士/先生 | toilets (restrooms) /ladies/gentlemen |
| （没）饮用水 | (no) drinking water |
| ……在哪里? | Where is...?/Where are ...? |
| 左/右 | left/right |
| 直走/返回 | straight ahead/back |
| 近/远 | near/far |
| 公交车/有轨电车 | bus/tram |
| 地铁/出租车 | underground/taxi |
| 站/出租车站 | stop/taxi stand |
| 时刻表/车票 | schedule/ticket |
| 汽车/加油站 | a car/petrol station |

## 用餐

| | |
|---|---|
| 请预订今天晚上4人桌。 | Could you please book a table for tonight for four? |
| 在露台上 | outside/on the terrace |
| 靠窗 | at the window |
| 请给我一份餐单。 | The menu, please. |
| 带/不加冰/气泡 | with/without ice/gas |
| 素食者/过敏 | vegetarian/allergy |
| 请把帐单给我。 | May I have the bill, please? |

## 银行/货币

| | |
|---|---|
| 银行/自动提款机 | bank/ATM (cash machine) |
| 我想换……欧元 | I'd like to change... Euro |
| 现金/提款卡/信用卡 | cash/ATM card/credit card |
| 找零 | change |

## 健康

| | |
|---|---|
| 医生/牙医/儿童医生 | doctor/dentist/pediatrician |
| 医院 | hospital |
| 发烧/疼痛 | fever/pain |
| 腹泻/呕吐 | diarrhoea/nausea |
| 晒伤 | sunburn |
| 发炎/受伤 | inflamed/injured |
| 药店/药剂师 | pharmacy/chemist |
| 止痛片/药片 | pain reliever/tablet |

## 电话/网络

| | |
|---|---|
| 邮票/信 | stamp/letter |
| 明信片 | postcard |
| 电话卡 | phone card |
| 适用固话 | for the fixed line network |
| 我想买手机预存卡。 | I'm looking for a prepaid card for my mobile. |
| 网络接口 | internet access |
| 拨号/连接/占线 | dial /connection/busy |
| 电池/蓄电池 | battery/rechargeable battery |
| 网络连接/无线网络 | internet connection/Wi-Fi (Wireless LAN) |
| 邮件/文件/打印 | email/file/print |

## 休闲/运动

| | |
|---|---|
| 沙滩/海滨浴场 | beach/lido |
| 太阳伞/躺椅 | umbrella/deckchair |
| 落潮/涨潮/流动 | low tide/flood/flow |

## 数字

| | | | |
|---|---|---|---|
| 0 | zero | 15 | fifteen |
| 1 | one | 16 | sixteen |
| 2 | two | 17 | seventeen |
| 3 | three | 18 | eighteen |
| 4 | four | 19 | nineteen |
| 5 | five | 70 | seventy |
| 6 | six | 80 | eighty |
| 7 | seven | 90 | ninety |
| 8 | eight | 100 | (one) hundred |
| 9 | nine | 200 | two hundred |
| 10 | ten | 1 000 | (one) thousand |
| 11 | eleven | 2 000 | two thousand |
| 12 | twelve | 10 000 | ten thousand |
| 13 | thirteen | 1/2 | a/one half |
| 14 | fourteen | 1/4 | a/one quarter |

# 索引

## 图片来源

**封面图片：**迪拜帆船酒店、朱美拉古堡酒店和A Salam酒店（Look：J.Stumpe）

**图　　片：**Dubai Fashion Week（P.21上）；Maxim Forst-Gill（P.104上）；R. Freyer（P.38， P.42，P.96）；Getty Images：N+T*（P.20中）；Getty Images/Maremagnum（P.72/P.73）； R. M. Gill（P.19，P.32，P.77，P.100，P.100/P.101，P.104下）；huber-images：M. Borchi（P.69），J. Huber（P.3），M. Rellini（P.99），Schmid（P.22/P.23，P.74，P.80/P.81），R. Schmid （封二左，P.36）；M.Kirchgessner（P.101）；Laif：Brunner（P.24），Ebert（P.91），M. Gumm （P.52），Krause（P.103），T. Linkel（P.35），T.&B. Morandi（P.67）；Laif/hemis.fr：P. Hauser（P.49）；Laif/robertharding：N. Tondini（P.55）；Look：J. Stumpe（P.1）；Look/travelstock44（P.41，P.82）；mauritius images：W. Bibikow （P.20上），Mirau（P.28/P.29）；mauritius images/age（P.88/P.89）；mauritius images/Alamy（封二右，P.6上，P.6下，P.7，P.8/P.9，P.15，P.17，P.18，P.10/P.11，P.12，P.44/P.45，P.46/P.47，P.60右，P.62/63，P.94，P.102，P.102/P.103，P.105），P. Chonya（P.79），R. Croft（P.86），MQ Naufal（P.21下），Sibag（P.20上）；mauritius images/Alamy/Gallo Images（P.27）；mauritius images/foodcollection（P.14）；mauritius images/imagebroker：Tack （P.16）；mauritius images/robertharding：N. Tondini（P.50/P.51）；D. Renckhoff（P.59下，P.60左，P.59上，P.64，P.85）；M. Wöbcke（P.5右上）；DUMONT Bilddatenbank：Martin Sasse （P.57，P.58，P.70/71）

**本书地图系原版书地图。**

find joy
in the
journey

# 禁忌事项

## 让人感觉您喝多了酒

一些餐厅和酒店会提供您想要的任何饮料。请您品尝它们。但是要小心：喝了太多的酒的人，有可能被逮捕和监禁。

## 自己挑选座位

即使是在小而简单的亚洲餐馆，您也不要径直走向座位，而是应该向服务员说明需求，由服务员领您入座。

## 沙海冲浪

不要驾驶越野车穿越沙漠、进入河谷，这样会摧毁在贫瘠的土地上和阳光下茁壮成长的沙漠植物。当然，很可惜当地人不是一个好榜样。

## 独自行驶在沙漠中

如果您租的不是一辆四轮驱动车，您应该尽可能避免离开公路和开车进入沙漠。沙子虽然看起来平坦和坚固，但是暗藏的松软的“洞”是不容易被发现的。当心汽车会突然被卡住，陷进洞内。

## 去廉价酒吧

色情交易在迪拜是一种被默许的生意。路边廉价的酒吧、餐厅和酒店会比较混乱。这也是人们通常会选择五星级酒店的酒吧的原因，尽管那里的饮料非常贵。

## 在斋月期间去迪拜旅行

在每年的斋月期间，公共生活会受到严重限制。商店和餐馆在日落后才能开放，酒店大堂空空荡荡，很难叫到出租车。在天黑之后才有餐饮和客房服务。

## 被动接受豪车服务

这有时会发生在购物中心、酒店前和机场：您要求出租车服务，但提供的却是豪华轿车服务。即使提出质疑，也会得到“是，这是出租车”的回答。当然，豪华轿车的价格显然比普通出租车贵很多。

## 携带毒品

任何携带毒品或购买毒品的行为都是被严格禁止的。即使是最少量的大麻，也会将人送进监狱。